Marco Wehr

Welche Farbe hat die Zeit?

*Wie Kinder uns
zum Denken bringen*

Eichborn.BERLIN

Für Ina, Naima & Anouk

1 2 3 4   08   07

© Eichborn AG, Frankfurt am Main, 2007
Umschlaggestaltung: Moni Port, www.laborproben.de
Lektorat: Wolfgang und Emilia Hörner
Layout: Cosima Schneider
Satz: Fuldaer Verlagsanstalt, Fulda
Druck und Bindung: Clausen & Bosse, Leck
ISBN 978-3-8218-5793-5
(Eichborn Berlin)

Alle Rechte vorbehalten. Kein Teil des Werkes darf in irgendeiner Form (durch Fotografie, Mikrofilm oder ein anderes Verfahren) ohne schriftliche Genehmigung des Verlages reproduziert oder unter Verwendung elektronischer Systeme verarbeitet, vervielfältigt oder verbreitet werden.

Verlagsverzeichnis schickt gern:
Eichborn Verlag, Kaiserstraße 66, 60329 Frankfurt am Main
www.eichborn.de

Inhaltsverzeichnis

Einleitung: Kinder sind ein
intellektuelles Abenteuer 9

1. Die Kunst des Fragens:
Wie uns Kinder an die Grenzen
des Wissens bringen 13

2. Prophetische Künste:
Können wir in die Zukunft sehen? 27
Der Kopf in der Kürbissuppe: Wenn sich die Umstände ändern, muss sich das Denken ändern 29 ✤ Opa versus Opa: Zwei Standpunkte zur Planbarkeit des Lebens 35 ✤ Im Dickicht des Möglichen: Ist es immer vernünftig, vernünftig zu sein? 41 ✤ Diesige Zukunft: Wie werden unsere Kinder in zwanzig Jahren leben? 51 ✤ Das Lebensrennen: Der Planungswahn frisst unsere Kinder 58 ✤ Wisse, was zu wissen ist! – Warum wir die Stoiker nicht vergessen sollten 72 ✤

3. Der rätselhafte Anfängergeist: Was wir von Kindern über das Lernen lernen können 77

Der weiße Gürtel der Lebenskunst: Üben ist wichtiger als können *78* ❧ Tarantella und Tonleitern – Tonleitern und Tarantella: Von der Kunst, einem Kind das Musizieren abzugewöhnen *82* ❧ Die ewige Wiederkehr des Gleichen: Der Trick, seinen Kopf aus der Schlinge zu ziehen *88* ❧ Die Zehntausendstundenregel: Ohne Schweiß kein Preis *90* ❧ Vicious versus Virtuous Circle: Die zwei Seiten einer Medaille *92* ❧ Vollendeter Schwung und schwarzer Tanzinstinkt: Gerüchte über angeborene Fertigkeiten *97* ❧ Das Geheimnis der Gliederpuppe: Die buddhistischen Visionen des Heinrich von Kleist *105* ❧

4. Meister der Eigenzeit: Warum leben Kinder in einer Ewigkeit, während uns die Zeit entflieht? 115

Mit dem Hintern auf dem Ofen: Von der Relativität der Zeit *123* ❧ Wem die Stunde kräht: Kann man die Zeit wirklich messen? *125* ❧ Die Geißel des heiligen Benedikt: Das Diktat der Uhr und die Pinkelpause *134* ❧ Tick und tack: Der Sekundenschlag erobert die Welt *137* Das Zeitparadoxon: Vergangenheit, Gegenwart und Zukunft – eine seltsame Dreiecksbeziehung *146* ❧ Wagen zu fragen: Zeit und der Mut, ein anderer zu werden *153* ❧

5. Die Maske der Tollpatschigkeit:
Warum sind Kinder bloß so ungeschickt? *159*
Sinniges und Sinnloses: Überlebensstrategien *167* ❧
Gedächtnis und Zukunft: Die Beziehung von Erinnern
und Erahnen *176* ❧ Die Bedeutung von »Ball«: Ein
ganz besonderes Bild *182* ❧ Verstehen wir uns?: Du
bist nicht ich und ich bin nicht du *189* ❧ Das Märchen
vom Mängelwesen: Tobt hinter der Fassade eine Revolution? *200* ❧

Anmerkungen *213* ❧

Einleitung: Kinder sind ein intellektuelles Abenteuer

Kinder – das ist ein kontroverses Thema. Ein höchst kontroverses sogar. Das sehen Sie spätestens, wenn Sie es sich mit einer Tasse Kaffee und der Sonntagszeitung gemütlich machen!

Aus New York wird berichtet, dass Eltern bereits Kredite aufnehmen, um sich eine sündhaft teure Nanny zu leisten, die Mandarin mit den Kleinen spricht, damit diese später akzentfrei mit den Chinesen verhandeln können. In einem anderen Artikel wird die Frage erörtert, ob bei uns Erzieherinnen im Kindergarten zu viel Zeit mit Basteln und Singen vergeuden. Wäre es nicht besser, mit Dreijährigen physikalische Experimente zu machen? Im Wirtschaftsteil appelliert ein Autor eindringlich an unsere vaterländischen Gefühle: Ohne Kinder ist unser Sozialstaat nicht zu halten! Wer anders als sie soll unsere Rente finanzieren und den gigantischen Schuldenberg abbauen? Wer sonst soll im Kampf der Nationen in den Ring steigen, um den Wohlstand unseres Landes zu verteidigen?

Man meint fast, zwischen den Zeilen einen Aufruf zu hören, schleunigst in die Betten zu springen. Ganz anders klingt das im Ressort Lifestyle. Dort sind Eltern mit Kindern so präsent, weil sie gar nicht vorkommen. Das an dieser Stelle zelebrierte Bild eines Karrieremenschen, der im Beruf alles gibt, sein Spitzengehalt für handgefertigte Uhren oder italienische Sportwagen ausgibt und in seiner Freizeit von einem Top-Event zum nächsten eilt, ist mit nörgelnden Kindern im Schlepptau nur schwer vorstellbar.

Auf den Forschungsseiten wiederum sind Embryonen, Säuglinge und kleine Kinder als biologische Wunder zu bestaunen. In der Rubrik *Leben heute* ändert sich das Bild erneut. Eltern werden als Menschen dargestellt, die Probleme haben – Probleme mit den aufsässigen Sprösslingen, der Partnerschaft, der Selbstverwirklichung, mit dem Beruf, der Zeit und natürlich dem Geld.

Ein wenig ratlos schlagen Sie die Zeitung zu: das Kind als Bildungsproblem, als kühl kalkulierter Wirtschaftsfaktor, als Spaßbremse, als biologisches Wunder, als Störfaktor. Mit diesen Themen lassen sich immer wieder die Seiten füllen. Aber ist das alles? Sieht man von der Tatsache ab, dass im Normalfall Eltern ihre Kinder lieben und Kinder ihre Eltern, beschleicht einen das Gefühl, dass ein wesentlicher Aspekt nicht wirklich zur Sprache kommt: Ist es nicht so, dass Kinder ihre Eltern dazu bringen, sich mit dem Leben in seiner ganzen Vielfalt auseinanderzusetzen? Die Kleinen fragen ihren Eltern Löcher in den Bauch, das ist bekannt. Noch wichtiger aber ist: Sie stoßen Fragen an! Deshalb staunen Eltern über das Wunder der Sprachentwicklung und das Rätsel des Lernens. Sie denken über die verschiedenen Aspekte der Zeit nach und das Schicksalhafte im Leben. Kurzum: Kinder bringen uns zum Denken! Sie sind ein intellektuelles Abenteuer, und ehe man sich's versieht, ist man mitten in der Philosophie! Das gibt dem Leben eine besondere Würze, und damit sind wir bereits bei den Themen dieses Buches:

— Wir überlegen zuerst, weshalb gute Fragen wichtig sind und warum Kinder die raffiniertesten stellen, auf die auch die gescheitesten Erwachsenen bis heute keine vernünftigen Antworten wissen, was leider nur die allergescheitesten zugeben.
— Dann beschäftigen wir uns mit dem Thema der Planbarkeit, dem verzwickten Geflecht von Ursache und Wirkung. Aus dem Mikrokosmos Familie wissen wir, dass Kinder Chaos in das Leben tragen. Lässt sich diese Einsicht verallgemeinern? Was also kann man voraussehen und was ist den Mächten des Zufalls unterworfen? Und wie lebt man eigentlich in einer Welt, die höchste Planungssicherheit verlangt, sich aber fast immer anders verhält, als man erwartet?
— Anschließend beobachten wir Kinder beim Lernen, in der Hoffnung, selbst etwas über das Lernen zu lernen. Können Sie sich vorstellen, dass in den japanischen Kriegskünsten ausgerechnet kindlicher Anfängergeist für das Zeichen der Meisterschaft gehalten wird?
— Endlich betrachten wir das Phänomen der Zeit. Weshalb leben Kinder in einer Ewigkeit, während die Zeit

für uns Erwachsene zu rasen scheint? Haben Sie in diesem Zusammenhang schon einmal etwas vom »subjektiven Zeitparadoxon« gehört? Und die Uhr an Ihrem Handgelenk, wozu ist die eigentlich gut?
— Zum Schluss fragen wir uns noch, weshalb Säuglinge eigentlich so unglaublich tollpatschig sind. Die Kleinen können weder laufen noch sprechen, noch selbständig essen. Alles muss mühsam erlernt werden. Im Vergleich zu Tierkindern scheinen sie sich in Zeitlupe zu entwickeln. Was soll das? Ist das eine Laune der Natur oder verbirgt sich hinter der Maske der Unbeholfenheit gar eine evolutionäre Revolution?

Das sind anspruchsvolle Fragen, die teils uralte Themen der Philosophie berühren. Einige warten schon seit mehr als tausend Jahren darauf, schlüssig beantwortet zu werden. Vermessen, ein solches Unterfangen in einem Buch bescheidenen Umfangs zu wagen. Aber hier geht es auch nicht um Antworten für die Ewigkeit. Hier geht es um ein lustvolles intellektuelles Spiel, zu dem uns unsere Kinder einladen. Es geht darum, dass gute Fragen wichtiger sind als schlechte Antworten und dass neugierige Eltern von neugierigen Kindern mindestens so viel lernen können wie diese von ihnen. In diesem Sinne wünsche ich Ihnen viel Spaß bei der Lektüre.

1. Die Kunst des Fragens

Wie uns Kinder an die Grenzen des Wissens bringen

Kinder stellen das Leben infrage, und das in doppeltem Sinne. Da gibt es natürlich die obligatorischen Kinderfragen – ein Trommelfeuer, dem wir Erwachsene von morgens bis abends ausgesetzt sind. Es gibt aber auch Fragen, die *in uns* aufkeimen, wenn wir Kinder in ihrer Entwicklung aufmerksam beobachten. Beginnen wir mit den Kinderfragen.

»Mama, was hat der Esel da unten am Bauch? Ist das ein Pinsel?« oder: »Was ist eigentlich ein Luftschiff?« Das sind einfache Fragen, die sich ohne große Mühe beantworten lassen. Doch es gibt auch andere Kaliber. Mich persönlich erwischt es meistens auf dem Fahrersitz unseres alten Volvos. Von hinten, dort wo meine beiden Töchter sitzen, brandet ein steter Strom kindlicher Laute an mein Ohr. Manchmal ist es unmöglich, das Auto konzentriert durch den Verkehr zu navigieren. Während die jüngere Tochter noch in einer Endlosschleife monologisiert, kultiviert die ältere bereits die Kunst des Fragens:

»Papa, wenn ich hier direkt rechts aus dem Auto schaue, ist die Welt verwischt. Gucke ich aber nach links, zur anderen Seite heraus, sehe ich klarer. Also fährt das Auto rechts schneller als links, und wir müssten eigentlich eine Kurve machen. Wir folgen aber der Straße und die ist gerade. Kannst du mir das erklären?«

Oder so: »Schau mal bitte geradeaus aus dem Fenster! Welche Farbe hat die Luft?«

»Sie ist durchsichtig.«

»Richtig. Jetzt schau mal kurz nach rechts und dann nach links! Welche Farbe hat die Luft?«

»Sie ist immer noch durchsichtig.«

»Richtig. Jetzt schau mal nach oben zum Himmel! Was siehst du?«

»Der Himmel ist blau!«

»Papa, fällt dir denn nichts auf? Warum wird die klare und durchsichtige Luft blau, wenn man nach oben guckt? Ist das Weltall blau?«

Da ist guter Rat teuer. Trotzdem muss man betonen, dass auch solche Fragen noch zu den dankbaren gehören. Man bildet sich zumindest ein, halbwegs plausible Antworten zustande zu bringen, wenn man über die Funktion des Auges oder die Natur des Lichts nachdenkt.[1] Wesentlich komplizierter wird es in folgendem Fall, in dem es anfangs um die Vermehrung der Pfeilschwanzkrebse geht. Pfeilschwanzkrebse gab es schon, bevor Dinosaurier unsere Erde bevölkerten. Einige Arten sind noch heute zu finden, wobei sie sich vergleichsweise wenig verändert haben. Diese kleinen Urweltkrebse können von wissbegierigen Kindern in eigens dafür hergestellten Beobachtungsbecken aufgezogen und mit ein wenig Glück auch vermehrt werden. In der Natur haben die Pfeilschwanzkrebse einen bemerkenswerten Lebenswandel. Gemeinhin kommen sie in Pfützen vor, wo sie nach Wolkenbrüchen massenhaft auftreten können. Da man sich im Mittelalter nicht zu erklären wusste, weshalb die Krebse so plötzlich im Wasser wimmeln, vermutete man, dass der Herrgott selbst sie vom Himmel regnen ließ. Doch für das blitzartige Auftreten der Krebse gibt es auch eine andere Erklärung: ungehemmte Gier und ihre magischen Eier. Letztere sind auf den ersten Blick nicht von einem gewöhnlichen Sandkorn zu unterscheiden, und sie können jahrzehntelang in staubigem Boden liegen, ohne ihr innewohnendes Potenzial zu entfalten. Doch kommt ein lebensspendender Regenguss, entwickelt sich plötzlich eine explosive Dynamik. Aus dem Ei schlüpft die Larve, mit einer Lupe gerade zu erkennen. Diese Larve frisst unglaubliche Mengen und wächst mit rasanter Geschwindigkeit. Aus einem zuckenden Pünktchen wird in kürzester Zeit ein gut sichtbarer Krebs, der sich dann zu einem Tier von etwa drei Zentimeter Länge auswächst. Würden sich menschliche Kinder ähnlich schnell entwickeln, hätten sie binnen weniger Tage die Größe eines Elefanten erreicht. Der gierige Krebs stürzt sich auf alles, was essbar ist. Das ist verständlich, wenn man bedenkt, unter welchem Zeitdruck er steht. Für die Nachkommenschaft muss gesorgt sein, bevor die Pfütze vertrocknet. Solange noch Wasser in der Pfütze ist, muss der Krebs also schlüpfen, wachsen und schließlich selbst wieder Eier legen.

Als ich unserer Tochter diese Geschichte erzählte, machte sie einen geistesabwesenden Eindruck. Ich fragte mich, ob meine Ausführungen nicht doch ein wenig zu kompliziert waren. Doch dann kam – in gelangweilt-tadelndem Unterton – ihr Statement:

»Papa, das findest *du* ja vielleicht interessant. Ich stelle mir eine ganz andere Frage. Ich will wissen, wer hat sich das alles eigentlich ausgedacht?«

Tja, was nun? Um zu antworten, können wir entweder auf die phantastischen Schöpfungsgeschichten der verschiedenen Weltreligionen zurückgreifen oder wir verheddern uns in der Evolutionstheorie. Egal wie wir uns entscheiden, uns wird mulmig zumute. Wir spüren, dass unsere »Erklärungen« mehr Fragen aufwerfen, als sie beantworten. Geschichten von der Genesis und dem Garten Eden, vom chinesischen Riesen Pan Ku, der die Welt aus Stein meißelte, oder die Legende von einer alles Leben gebärenden Urschlange sind für aufgeklärte Zeitgenossen nicht das, was man unter einer befriedigenden Erklärung versteht. Doch auch wenn wir den Darwinismus bemühen, müssen wir zugeben, dass dieses theoretische Rüstzeug dürftig ist. Sind wir ehrlich, dann können wir bis heute nicht erklären, wie sich das Leben aus der Materie entwickelte.[2] Ganz abgesehen davon, dass man eigentlich immer noch nicht weiß, was Materie wirklich ist.[3]

Wenn Sie nun glauben, es könne nicht mehr schlimmer kommen, dann irren Sie sich. Kinder sind in ihrem Wissensdrang unerbittlich. Sie nehmen auf unser Bedürfnis, eine zumindest brüchige intellektuelle Fassade aufrechtzuerhalten, keine Rücksicht. Was wären gescheite Antworten auf Fragen wie diese?:

»Wo war ich, bevor ich geboren wurde, und wo bin ich, wenn ich tot bin?«

»Was war vor dem Anfang der Welt und was kommt nach ihrem Ende?«

»Kann ich etwas unendlich oft zerschneiden, und wenn ich es tue, haben die Stücke eine (endliche) Länge? Wenn das so ist, warum ist dann unendlich mal etwas nicht unendlich? Wenn die Stücke aber nichts sind, wie kann dann unendlich mal nichts etwas sein?«

»Warum nennt man eine Tasse ›Tasse‹ und nicht ›Kum‹?«

»Welche Farbe hat die Zeit?«

»Ist es möglich, dass ich der Einzige bin, der keine Gedanken lesen kann, und heimlich von allen beobachtet werde?«

»Kann ich dieser Verschwörung irgendwie auf die Schliche kommen?«

»Ist die Wirklichkeit ein Traum und der Traum die Wirklichkeit?«

»Gibt es einen Gott?«

»Gibt es eine Möglichkeit, wie Gott mich davon überzeugen kann, dass es ihn gibt?«

»Wenn es Gott gibt und er mich liebt, warum hilft er nicht, wenn ich ihn rufe?«

Was ist von solchen Fragen zu halten? Seien wir ehrlich: Sie sind von den großen Fragen der Philosophie nicht zu unterscheiden. Eine »Antwort« wie »Dafür bist du noch zu klein. Warte bis du größer bist!« kaschiert nur unsere Unwissenheit. Fragen dieser Art sind gleichzeitig Anfang und Ende unserer Erkenntnisfähigkeit. Natürlich hat es zu allen Zeiten Denker gegeben, die für sich in Anspruch nahmen, verbindliche Antworten zu geben. Man erinnere sich nur an die skurrilen Gottesbeweise ehrgeiziger Theologen. Einer kritischen Prüfung halten diese jedoch nicht stand. Deshalb muss man in der Rückschau solchen Menschen eine gewisse Leichtgläubigkeit unterstellen. Wir halten uns lieber an die Einschätzung eines Gautama Buddha. Dieser weigerte sich aus intellektueller Bescheidenheit, über Anfang und Ende der Welt nachzudenken. Damit akzeptierte er eine Kinderfrage als das, was sie ist: als ein Faszinosum. Das soll nicht als Denkverbot aufgefasst werden, wohl aber als ein Hinweis auf die Vorläufigkeit unserer Bemühungen.

Doch interessieren wir uns hier nicht so sehr für Antworten, uns geht es vorrangig um die Gedanken, die Kinder anstoßen, und um das, was wir von ihnen lernen können. Was ist das in diesem Zusammenhang? Es ist der Umstand, dass Kinder überhaupt zu fragen wagen!

Ja, ist das denn keine Selbstverständlichkeit? Viele Indizien sprechen dagegen. Eine Umfrage hat ergeben, dass erwachsene Männer im Gegensatz zu Frauen lieber stundenlang im Kreis herumfahren, als nur einmal nach dem Weg zu fragen. Das gibt einen ersten Hinweis. Der boomartige Verkauf von Satellitennavigationssystemen für das

Auto, die einen eingebildeten Gesichtsverlust vermeiden helfen, ergibt einen weiteren. Man kann einwenden, Autofahrer mit Satellitennavigationssystemen seien nicht repräsentativ für unsere Bildungsgesellschaft. Wie sieht es deshalb an Schulen und Universitäten aus? Persönliche Erfahrungen legen nahe, dass auch hier, sieht man von vereinzelten Ausnahmen ab, brennende Fragen weniger erwünscht sind als routinierte Antworten. Wie weit man dort von der Unbefangenheit kindlichen Fragens entfernt ist, sei an nur zwei Beispielen gezeigt. Wir sind heimliche Beobachter der ersten Vorlesungsstunde im Fach Experimentalphysik an einer renommierten Universität:

»Eine Sekunde ist, wenn das Licht, welches das Atom Cäsium aussendet, 9.192.631.770-mal schwingt«, verkündet der Physikdozent.

Ein Student meldet sich zu Wort: »Herr Professor, das verstehe ich nicht richtig. Sie wollen ein Zeitmaß definieren – die Sekunde. Dabei legen Sie zugrunde, dass das Licht *gleichmäßig* schwingt. Um diese Gleichmäßigkeit zu prüfen, brauchen Sie aber bereits eine Uhr. Diese aber wollen Sie gerade erst definieren. Ist das möglich?«

Eine Sekunde peinlichen Schweigens. Dann sagt der Dozent mit herablassender Miene: »Junger Mann, ich bitte Sie! Wenn Sie schon nicht in der Lage sind, die elementaren Definitionen physikalischer Grundgrößen zu verstehen, muss ich Ihnen in aller Freundlichkeit raten, das Studienfach zu wechseln. Vielleicht wollen Sie es einmal mit der Pharmazie probieren?!«

Schallendes Gelächter im Hörsaal. Aber lag der Student verkehrt? Ganz und gar nicht. Der Professor irrte.

Prinzipiell ist obige »Definition« nämlich nicht von der Forderung zu unterscheiden, eine Sekunde mithilfe eines singenden Vogels zu bestimmen: Wenn die Amsel dreimal trällert, nennen wir das eine Sekunde. Macht das Sinn? Sinn machen beide Definitionen nur, wenn sicher ist, dass Amsel und Cäsium ihre Schwingungen immer gleichmäßig aussenden, und die definierte Sekunde so immer gleich lang ist. Bei der Amsel sind wir skeptisch, beim Atom geneigt zu glauben. Prüfen lassen sich beide Definitionen aber nur, wenn man bereits eine Uhr besitzt, die gerade erst definiert werden soll. Ein verwickelter Zirkelschluss also, der leider nur vereinzelt zur Kenntnis genommen wird.[4]

Ein anderes Mal ein Besuch beim Dekan der physikalischen Fakultät, einem bekannten Theoretischen Physiker, um ihn über die sogenannten Bell'schen Ungleichungen zu befragen. Leider waren ihm diese Gleichungen vollkommen unbekannt. Das war erstaunlich. Damals schwebten sie wie ein Damoklesschwert über der modernen Physik. Ihre Anwendbarkeit entscheidet über Richtigkeit oder Falschheit der Quantenmechanik. Konnte es wirklich sein, dass ein ausgewiesener Spezialist nichts von den Gleichungen wusste, die sein Eigenes Arbeitsgebiet komplett infrage stellten? Zu seiner Ehrenrettung muss gesagt werden, dass er zwar nicht die Gleichungen, dafür aber ihren Schöpfer persönlich kannte – aus der Gremienarbeit.

Muss das so sein? Bringen wir uns nicht um eine gewaltige Chance, wenn wir den kindlichen Mut zur Frage aus unserem Leben ausschalten? Was unsere Bildungsanstalten angeht, könnten Realpolitiker darauf hinweisen, dass jene dazu daseien, Menschen zu unterrichten und sie auf eine Aufgabe vorzubereiten. Sie mit Fragen zu verunsichern, stehe nicht im Dienst der Sache. Das wäre halb richtig und halb falsch. Ginge es nur darum, Schüler und Studenten zu Replikanten bestehenden Wissens zu machen, dann dürften wir das Fragen guten Gewissens aussperren. Unsere Hoffnung besteht aber darin, dass uns junge Menschen in ihrem Denken und Handeln weiter bringen, als wir es selbst geschafft haben. Daraus erwächst eine Verpflichtung, die geistigen Ländereien, die bereits vermessen, und die, die noch unerforscht sind, sorgsam zu trennen und zu benennen.

Wie könnte das geschehen? Erlauben wir uns eine Utopie.

Stellen Sie sich vor, der erste Vorlesungstag würde nicht wie oben mit einer Schmähung beginnen. Im Gegenteil, die Professoren begrüßen die Neuankömmlinge per Handschlag. Neben dem Curriculum und ihrem Prüfungsplan geben sie ihnen ein persönlich verfasstes Papier in die Hand. Auf diesem stehen die zehn wichtigsten offenen Fragen ihres jeweiligen Forschungsgebiets. Was würde diese Geste signalisieren? Natürlich geht es nicht nur um die anregenden Fragen als solche. Es geht auch um das unterschwellig vermittelte Verhältnis von Lehrenden und Lernenden. Wir können die nonverbale Botschaft an die Studenten etwa wie folgt zusammenfassen:

»Herzlich willkommen an der Universität, wir sind eure Lehrer. Das bedeutet, dass wir heute noch mehr wissen als ihr. Dieses Wissen werden wir euch vermitteln und wir werden es auch prüfen. Gleichzeitig möchten wir euch aber sagen, dass wir auch selbst in vielen Belangen Schüler sind. Genau wie ihr stehen wir vor hohen Mauern, die wir bis jetzt nicht überqueren konnten. Dazu bedarf es einer gemeinsamen Anstrengung. Wir brauchen eure Hilfe. Wir haben Erfahrung, ihr Mut und Unbefangenheit. Und noch etwas. Auch wenn wir euch nach bestem Wissen und Gewissen unterrichten – bleibt unseren Worten gegenüber wohlwollend skeptisch. Auch ausgetretene Pfade können sich als Holzweg entpuppen.«

Das wäre eine Lehranstalt, in der die Kunst der Frage hoch im Kurs stände. Ein Ort, an dem sich Lehrer und Schüler mit gegenseitigem Respekt begegneten. Würde ein solcher Vertrauensbeweis nicht einen gehörigen Motivationsschub auslösen?

Vermutlich halten viele Menschen ein solches Szenario für naive Schwärmerei. Zugegeben. Doch es gibt einige Beispiele dafür, welche Macht gute Fragen entfesseln können:

David Hilbert war der herausragende Mathematiker seiner Zeit. In meiner Wahlheimat Tübingen bewarb er sich am Ende des 19. Jahrhunderts vergeblich auf eine Professur. Dafür machte er anschließend die Universitätsstadt Göttingen zum Weltzentrum der Mathematik und Physik. Hilbert traute sich, die wichtigsten Fragen seines Fachgebiets offen zu formulieren. Eine seiner zentralen Fragen betraf das *Entscheidungsproblem*. Hilbert war überzeugt, dass es in einem hochentwickelten mathematischen System immer möglich sei, zu beweisen, ob eine bestimmte Aussage wahr oder falsch ist. »Es gibt unendlich viele Primzahlen«, könnte eine solche Aussage lauten. Sie ist, das wissen wir seit über zweitausend Jahren, wahr. Der Mathematiker Euklid hat sie im Buch X seiner *Elemente* bewiesen. Genauso wie man jetzt beweisen kann, dass es unendlich viele Zahlen gibt, die nur durch die Zahl Eins und sich selbst teilbar sind, sollte es nach Hilbert mit allen anderen mathematischen Aussagen im Prinzip auch funktionieren. Allerdings scheiterte er selbst an einem allgemeinen Beweis. Deshalb hoffte er auf die Hilfe der Kollegen. Doch Hilbert erlebte ein Debakel. Die »jungen Wilden« Alan Turing, Alonzo Church, Emil Post und Kurt Gödel zerstörten seinen Lebenstraum. Binnen kürzester Zeit veröffentlichten sie revolutionäre Arbeiten, die zeigten, dass es in einer Mathematik, die Hilberts Ansprüchen genügt, immer Aussagen gibt, die sich nicht beweisen lassen, von denen man also nicht weiß, ob sie richtig oder falsch sind.

David Hilbert musste eine bittere Niederlage einstecken, entfachte aber einen Gedankensturm. Einige seiner Fragen sind mittlerweile beantwortet, andere nicht. Auf alle Fälle hat er mit ihnen einer Flut von Erkenntnissen den Weg bereitet. Dass Hilbert zu fragen wagte, auch wenn die Ergebnisse nicht immer seinen Vorstellungen entsprachen, weist ihn als Mann mit einem starken Charakter aus. Dieser Mut zur Frage deckt sich übrigens mit der Beobachtung, dass Koryphäen auf Symposien ihre Vorträge oft mit einer Frage abschließen, die anderen mit einem Statement.

Ein weiteres Beispiel kommt nicht aus der akademischen Welt, sondern aus dem Autobau. Als die ersten japanischen Autos auf dem amerikanischen und europäischen Markt auftauchten, lösten sie bei den damaligen Technologieführern wie Ford, VW oder Mercedes Stürme des Gelächters aus. Heute lacht niemand mehr. Die amerikanische Autoindustrie liegt am Boden und die deutsche befindet sich in einem mit harten Bandagen geführten Existenzkampf. Der fernöstliche Drache, vor dem alle zittern, heißt Toyota. Man muss kein Prophet sein, um zu wissen, dass Toyota in den nächsten Jahren das größte und erfolgreichste Autounternehmen der Erde sein wird, und das mit einer sehr eigenwilligen Strategie. Im Gegensatz etwa zu Daimler-Chrysler oder General Motors, wächst Toyota nicht durch Zukäufe, sondern von innen heraus. Was ist anders bei Toyota? Es ist die Betriebsphilosophie und damit verbunden die Motivation der Arbeiter. Bei Toyota kultiviert man das Bewusstsein, dass jeder von jedem lernen kann und lernen muss. Da gibt es also nicht eine wissende Kaste von Entscheidern an der Spitze und eine unwissende von Anweisungsempfängern an der Basis. Im Gegenteil, alle Mitarbeiter des Systems sind aufgefordert, permanent alle bestehenden Produktionsprozesse infrage zu stellen, um sich in kleinen und kleinsten Veränderungen dem Perfekten immer weiter anzunähern. Verständlich, dass die Mitarbeiter bei Toyota hoch motiviert sind, wobei schlussendlich jene Karriere machen, die den Status quo laufend hinterfragen und Vorschläge machen, ihn zu verbessern. Diese Strategie der kleinen Schritte heißt auf japanisch *Kaizen* und die spezielle Umsetzung bei Toyota TPS (Toyota Production System). TPS hat dazu geführt, dass der japanische Autobauer eine

Rentabilität hat, die ihresgleichen sucht. Zu allem Überfluss gehören die Autos auch noch zu den zuverlässigsten.

Von den Fertigungshallen zurück in die Hörsäle. Sieht es dort wirklich so traurig aus? Glücklicherweise nicht. Es gibt auch Lichtblicke in der akademischen Welt. Diese können uns als Beispiel dienen, wie der Lust auf Forschung ein kräftiger Schub zu verpassen ist.

Im Wahlfach *Informationsverarbeitung in Nervensystemen* der Universität Tübingen gab es einen Prüfer, der nur dann gute Noten vergab, wenn man an den richtigen Stellen darauf hinwies, dass es auf die gestellte Frage *keine* gescheite Antwort gibt. Mit einer Pseudoantwort Souveränität vorzugaukeln, gefährdete das Bestehen der Prüfung. Dieser Professor, ehemaliger Direktor des Max-Planck-Instituts für Biologische Kybernetik, ist ein anerkannter Hirnforscher. Da er eine Menge weiß, macht es ihm auch kein Problem, zu dem zu stehen, was er nicht weiß. Aus diesem Grund ist er bis zum heutigen Tage ein von kindlicher Neugier beseelter Mensch geblieben. Er beschäftigt sich zum Beispiel mit der Frage, wie viele Glieder ein Wurm besitzen muss, um sich in der Schwerelosigkeit des Weltalls um die eigene Achse drehen zu können. Ein Spinner? Weit gefehlt, die Antwort möchte er auf Reflexbewegungen übertragen, die Menschen machen, wenn ihnen unvorbereitet der Boden unter den Füßen weggezogen wird. Da ist also jemand, der die kindliche Kunst des Fragens bis ins hohe Alter bewahrt hat. Wissenschaft als ein anregendes intellektuelles Spiel, und nicht als Zwang, möglichst viele Veröffentlichungen in möglichst kurzer Zeit in möglichst vielen hochrangigen Zeitungen zu platzieren.[5]

Eine solche Einstellung lohnt es sich zum Vorbild zu nehmen.

Kommen wir jetzt von den Fragen, die Kinder stellen, zu denen, die sie anstoßen. Fragen wir uns deshalb zuerst, inwieweit das Leben planbar ist.

2. Prophetische Künste

Können wir in die Zukunft sehen?

Wer Kinder hat, schließt Bekanntschaft mit dem Zufall. Dass die kleinen Chaoten das Unplanbare in das Leben tragen, deutete sich in meinem Fall schon an, bevor sie auf der Welt waren. Ab dem 30. Lebensjahr hatte ich immer wieder seltsame Träume – Träume von Kindern. Morgens im Bett fühlte ich dann eine lähmende Unentschlossenheit, so als würden Tag- und Nachtseele miteinander ringen. Ich wollte keine Kinder und meine Freundin auch nicht. Das waren klare Standpunkte, die wir vernünftig begründet hatten. Aber irgendetwas in mir funkte dazwischen. Schließlich kam es zur Entscheidung. Es erwischte mich im Flugzeug nach Rio de Janeiro. Wir waren gerade in Frankfurt gestartet, als ich in einen unruhigen Schlummer fiel. Wieder träumte ich. Das war nicht ungewöhnlich. In Flugzeugen überkommen mich oft merkwürdige Visionen. Es ist, als verschwänden mit der Distanz zum Erdboden auch all die kleinen Ärgernisse des Alltags aus dem Blickfeld, die sonst die Sicht auf das Große und Ganze verstellen. Anscheinend sehe ich mein Leben aus der Vogelperspektive in großer Klarheit.

In diesem speziellen Fall aber war die Klarheit anderer Natur. In meinem Inneren hatte etwas für mich Fremdartiges Gestalt angenommen. Ich begegnete erneut einem Kind in meinem Traum und sah ihm in die Augen. Als ich aufwachte, gab es keine Unentschlossenheit mehr. Die Nachtseele hatte gesiegt.

Diese seltsame, ein wenig pathetisch klingende Geschichte beschäftigt mich heute noch. Meine rational begründete Entscheidung war, dass ich keine Kinder wollte. Dann kam ein Traum, den ich nicht gerufen hatte, und warf alles über den Haufen. Heute bin ich Vater von zwei Kindern.

Wenn ich ehrlich bin, erinnert mich die sonderbare Begebenheit an eine Episode aus dem Roman *Der Zauberbaum* von Peter Sloterdijk: Die Gräfin Golowin, eine exzentrische, schwarz gekleidete Dame mit »Phosphor im Blut« sitzt gedankenverloren an einem See und wirft einen Stein. In dem aufkräuselnden Wellenschlag des Wassers meint sie den Petersburger Palast zu erkennen. Ohne zu zögern, deutet sie dies als Zeichen, eine Reise in die Hauptstadt des Zarenreiches machen zu müssen. Vorbehaltlos lässt sie sich von ihrer Intuition leiten. Dass mein Leben als wissenschaftlich denkender Mensch irgendetwas mit dieser feinnervigen Dame zu tun haben könnte, ist für mich bis heute eine schwerverdauliche Einsicht.

Der Kopf in der Kürbissuppe
Wenn sich die Umstände ändern, muss sich das Denken ändern

Folgerichtig verdrängte ich schon im Flugzeug, wie es zu der rätselhaften Entscheidung gekommen war, und da ich fest an die Macht vernünftigen Planens glaubte, dachte ich angestrengt nach. Auf der Grundlage dessen, was ich wusste, begann ich die Zukunft in meinem Kopf vorwegzunehmen. Ich stellte mir die entscheidenden Fragen und versuchte mögliche Antworten sorgfältig abzuwägen: Klappt es mit der Schwangerschaft? Wird das Kind gesund geboren werden? Was machen wir, wenn sich herausstellt, dass es schwerbehindert ist? Wenn es gesund ist, können wir es auch tatsächlich ernähren? Wird das Kind unsere Partnerschaft weiter vertiefen oder aber belasten? Werden wir wie bisher unseren Beruf ausüben können, und wenn nicht, gibt es eine Möglichkeit, etwas anderes zu machen? Fragen über Fragen.

Da ich zum Optimismus neige, war meine Position die folgende: Meine Freundin wird schwanger und das Kind kommt gesund zur Welt. Vater wie Mutter werden weiter ihrem Beruf nachgehen können. Deshalb ist es kein Problem, das Kind zu ernähren. Zudem wird es auch noch die Partnerschaft vertiefen. Wenn ich das heute lese, muss ich selber lachen.

Zumindest stimmten die entscheidenden zwei Vermutungen: Ina wurde schwanger, und Tochter Naima kam nach der kleinen Ewigkeit von dreißig Stunden Geburt gesund zur Welt.

Die Art und Weise aber, wie das Kind das Leben veränderte, hatte wenig bis gar nichts mit meiner rationalen Analyse zu tun. Ein nächster Hinweis darauf, wie schnell sich Pläne in der Realität in Luft auflösen können.

Meine Freundin und ich hatten nämlich einen Denkfehler gemacht, der in vielen Bereichen des menschlichen Lebens, selbst in den Naturwissenschaften, eine lange Tradition hat: Wenn man nicht genau weiß, was einen erwartet, neigt man dazu, das Bekannte und Bewährte über seinen eigentlichen Geltungsbereich hinaus zu verlängern. In den Wissenschaften nennt man diese Strategie eine Extrapolation. Das kann gut gehen. Man kann aber auch auf die Nase fallen. Werfen wir zur Veranschaulichung einen Blick auf die Physik. Dort war es ein schwerer Fehler anzunehmen, dass die Gesetze, die unsere Alltagswelt auf das Beste zu regeln scheinen, problemlos auf die Dimensionen des Allerkleinsten zu übertragen sind. Denn klitzekleine Lichtteilchen, man spricht von Photonen, verhalten sich ganz anders als fallende Äpfel, Kanonenkugeln oder rotierende Planeten! Während etwa die Planeten seit Äonen auf Bahnen um die Sonne kreisen, verhalten sich Photonen so gespensterhaft und unberechenbar, dass der alte Einstein dem Wahnsinn nahe war. Verzweifelt stellte er fest, fünfzig Jahre über diese Geisterteilchen nachgedacht zu haben, ohne ihr Wesen verstanden zu haben.

Woran liegt das? Ein Lichtteilchen ist kein massives Objekt wie ein Planet, und auch die Vorstellung, dass es sich auf einer Bahn bewegt, ist nur eine intellektuelle Krücke. Der Gedanke, dass ein Photon einem der uns vertrauten Gegenstände ähnlich sei, führt völlig in die Irre. So versteht man bis heute nicht genau, was sich da eigentlich wie bewegt, und es ist deshalb kein Wunder, dass einzig die Verwegenen unter den Physikern sich überhaupt trauen, ernsthaft darüber nachzudenken, weshalb das Rätselreich der Quanten unserem Alltagsverstand so unzugänglich ist. Alle anderen, weniger mutigen Forscher trösten sich damit, dass man viele Dinge exzellent berechnen kann, auch wenn man nicht wirklich weiß, warum.[6]

Die Regeln der beschaulichen Welt einer kleinen Familie sind natürlich nicht dieselben wie die einer abgründigen physikalischen Theorie. Trotzdem machten auch wir eine fragwürdige Extrapolation. In unserem speziellen Fall erwies es sich als Denkfehler, anzunehmen, dass wir unser bisheriges Leben einfach unter leicht erschwerten Bedingungen würden weiterführen können.

In Brasilien hatten wir erlebt, dass Eltern ihre Kinder überallhin mitnahmen, und scheinbar schienen diese auch beim Getöse von Sambatrommeln wunderbar zu schlafen. Zudem hatte uns ein befreundeter Professor gesagt, dass das erste Kind so pflegeleicht sei wie ein Hündchen. Man könne es in einen Korb tun und überallhin mitnehmen. Nach einer Zeit vergesse man, dass es überhaupt dabei ist. Was den Wahrheitsgehalt dieser Geschichte angeht, gibt es drei Möglichkeiten: 1.) Brasilianische Kinder verhalten sich völlig anders als deutsche; 2.) das Gedächtnis neigt dazu, die Schrecken der Vergangenheit in der Rückschau rosarot zu malen; oder 3.) die Geschichte ist eine Lüge.

Jedenfalls wehrte sich unsere Tochter mit Händen und Füßen, dem ihr zugedachten Kalkül zu genügen. Weder ließ sie sich wie ein Hündchen von einem Tanzstudio zum nächsten tragen, noch schlief sie dort, wo sie schlafen sollte; wenn sie denn überhaupt schlief. Damit kommen wir zum nächsten Denkfehler. Ein verbreitetes Bonmot lautet: »Wenn sich die Umstände ändern, muss sich das Denken ändern.« Stimmt. Die Wirklichkeit allerdings sieht anders aus. Wenn sich das Leben nicht wie geplant entwickelt, führt das nur selten dazu, die eigenen Standpunkte zu hinterfragen. Im Gegenteil. Die misslichen Wendungen des Schicksals sind ja nur deshalb eingetreten, weil man den eigenen Weg nicht konsequent genug beschritten hat! Eine Art zu denken, die schon viele Menschen in den Ruin getrieben hat. Zocker, die an der Börse spekulieren, kaufen oft die Werte nach, die am stärksten gefallen sind. Schließlich wollen sie Recht behalten und nicht einen Irrtum eingestehen. In unserem persönlichen Fall wollten wir nicht einsehen, dass die Umstände definitiv nicht mehr dieselben waren. Und so saß ich mit einem hysterisch schreienden Kind auf dem Bett und versuchte mich, diszipliniert bis in die Haarspitzen, in die mathematischen Räume der Quantenmechanik zu vertiefen. Das misslang gründlich. Auch meine Freundin war mittlerweile kurz vor dem Zusammenbruch, da sie ihr gewohntes Tanztraining nicht mehr absolvieren konnte. Von den durchwachten Nächten zermürbt, schleppte sie sich mit bleiernen Knochen ins Tanzstudio. Alles lief auf einen großen Machtkampf hinaus: Wille gegen Wille – Mann gegen Frau – Frau gegen Kind – Kind gegen

Mann. Jeder betrachtete den anderen als Hemmschuh auf dem bis dato vertrauten Weg. Den Höhepunkt dieses Kampfes erreichten wir in einer verschneiten Nacht von Sonntag auf Montag, als mein Kopf in einen Teller mit Kürbissuppe fiel.

Ich hatte an einem Wochenende in München eine Choreografie gelehrt, von der ein Video gemacht wurde. Die Dreharbeiten waren sehr aufwändig gewesen, und als wir am Sonntag schließlich zum Ende kamen, hatte ich zwanzig Stunden Tanz in den Beinen. Als ich gegen 22 Uhr losfahren wollten, sprang das Auto nicht an. Nachdem es endlich lief, ich war gerade auf der Autobahn, setzte starker Schneefall ein. Eine Zeitlang ging nichts mehr. Ich steckte fest, kam weder vor noch zurück. Als ich Tübingen erreichte, war es 4 Uhr in der Frühe. Meine Freundin hatte mir freundlicherweise einen Teller Kürbissuppe gekocht, und da sie nicht schlafen konnte – die Tochter schrie in unregelmäßigen Abständen, gesellte sie sich zu mir. Ich war so müde, dass ich während des Essens einnickte und mit dem Kopf in die Suppe fiel. Nachdem ich mir das Gesicht geputzt hatte, sagte meine Freundin mit tiefem Ernst in der Stimme: »Dein Leben möchte ich haben.« Die Betonung lag auf »dein«. Dieser Moment markierte den Wendepunkt. Nach einem kurzen aber heftigen Streit dämmerte uns beiden, dass wir uns geirrt hatten: Wir steckten beide in einer vollständig neuen Situation, auf die wir noch nicht eingestellt waren. Dieses Leben war keine Fortsetzung des bekannten mit leicht veränderten Vorzeichen. Das Kind stellte alles auf den Kopf, und es galt, das zu akzeptieren.

Es hatte deshalb keinen Sinn, in den eingefahrenen Mustern, meistens auf Kosten des Partners, immer weiter fortzuleben.

So beschlossen wir, uns neu zu arrangieren. Dabei entdeckten wir, dass es völlig sinnlos ist, davon auszugehen, ein Ziel auf direktem Wege zu erreichen. Da sich unser Töchterchen als liebenswerter Zufallsgenerator herausstellte, der immer dann Eigenwilligkeit bewies, wenn es am wenigsten passte, begannen wir, das Unplanbare in unser Leben miteinzuplanen. Wir waren, um nur ein Beispiel anzuführen, gut beraten, Naimas Toilettenexerzitien im Kopf zu behalten, wenn es galt, einen Termin wahrzunehmen. Diese ungelenken Turnübungen waren sichtbarer Ausdruck ihrer wachsenden Autarkie. Sich umständlich auszuziehen, mittels eines Hockers selbst auf das Klo zu kraxeln, dort Platz zu nehmen und den winzigen Hintern so über der Schüssel zu balancieren, dass sie nicht in den Abgrund fiel, das konnte je nach Tagesform schon einmal eine halbe Stunde in Anspruch nehmen. In diese festgelegte Handlungsfolge einzugreifen, war ein schwerer Fehler. Denn dann bestand sie darauf, alles von vorne zu beginnen, da sie ja nicht mehr selbst den Erfolg herbeigeführt hatte. Eine weitere halbe Stunde war nun fällig, sieht man von dem Geschrei ab, welches zwischen den Versuchen lag. So etwas mag Außenstehenden als Kleinigkeit erscheinen, kann aber bedeutsam sein, wenn man auf dem Weg zum Flughafen ist.

Doch das Erweckungserlebnis im Suppenteller, gepaart mit der überquellenden Spontanität des Kindes, führten nicht nur dazu, den Zufall als unverzichtbaren

Bestandteil des familiären Alltags zu akzeptieren. In der Folge begann ich mich ganz grundsätzlich zu fragen, was im Leben eigentlich planbar ist und was nicht.

Opa versus Opa
Zwei Standpunkte zur Planbarkeit des Lebens

Zur Planbarkeit des Lebens gibt es zwei extreme Standpunkte, die man gut mittels meiner schon verstorbenen Großväter erläutern kann.

Ging ich als junger Bursche auf Reisen, so gab es ein Ritual. Ich war gerade dabei, in meinem Zimmer den Rucksack zu packen, da hörte ich, wie die Tür der großelterlichen Wohnung aufging. Es folgte das Klacken des Lichtschalters, ein kurzes Räuspern. Dann näherte sich mein Wuppertaler Opa mit schlurfendem Schritt. Er blieb in der Tür meines Zimmers stehen und sah mir mit großem Ernst prüfend in die Augen. Jetzt griff er in die Hosentasche und holte einen Geldschein hervor, den »Obolus«, wie er ihn nannte. Mit feierlicher Geste gab er mir die Banknote und sprach die immergleichen Worte: »Junge, wenn du eine Reise machst, vergiss nie, genug Geld einzustecken! Und außerdem, du kennst ja meine Philosophie: Erst denken, dann handeln! Ich wünsche dir eine gute Fahrt und komm gesund nach Hause zurück.« Dann gab er mir die Hand, drehte sich um und verschwand. Wenn ich schließlich das Haus verließ, stand er am Fenster und winkte noch einmal kurz zum Abschied.

Dieser Wuppertaler Opa war, ungeachtet seiner Großzügigkeit, in seinem Herzen kein wirklicher Menschenfreund. »Wer die Menschen kennt, liebt die Tiere«, pflegte er zu sagen. Er konnte stundenlang auf einer Bank im Wald sitzen und dem Gezwitscher der Vögel zuhören. Vogelgesang war Balsam für seine Seele, ganz im Gegenteil zum unerträglichen »Gesabbel« der Menschen. Von den Menschen ausgenommen waren für ihn nur die Kinder. Sie liefen meinem Großvater in Scharen nach, genauso wie die Tiere. Irgendwie hatte er etwas vom heiligen Franziskus, der gegen seine Willen in die Moderne verpflanzt worden war.

Im völligen Gegensatz dazu war der Berliner Opa ein bekennender Lebemann und Freund der Frauen. Als ich ihn einmal lange Zeit nicht gesehen hatte und schließlich in Begleitung meiner damaligen Freundin besuchte, traf ich ihn im Garten auf einer Hollywoodschaukel an, die sich an einem lauen Sommerabend träge bewegte. Anfänglich würdigte er mich keines Blickes. All seine Aufmerksamkeit galt meiner Begleiterin, die er mit sichtlichem Gefallen musterte. Ein kurzes, fast unhörbares Schmatzen, dann wandte er sich mir doch noch zu: »Mein Sohn, viel scheinen wir nicht gemein zu haben, doch was die Wahl der Damen angeht, teilen wir zumindest denselben Geschmack.« Das war der erste Satz nach mehreren Jahren! Meiner Freundin schoss die Schamesröte ins Gesicht und ich spürte einen heftigen Adrenalinschub. Opa Kurt hatte nichts anderes erwartet und lächelte zufrieden.

Tiere liebte auch er, aber eher, wenn sie knusprig gebraten vor ihm auf dem Teller lagen, am besten erjagt von eigener Hand. Wuchsen ihm in Berlin seine Frauengeschichten über den Kopf, flüchtete er über die Grenze nach Polen, um sich beim Angeln an der Oder zu entspannen. Opa Kurt lebte genügsam im Zelt und fischte Welse, während daheim die eifersüchtigen Gespielinnen mit dem Stöckelschuh in der Hand aufeinander losgingen. Hatte er das Gefühl, dass der Pulverdampf verflogen war, kehrte er in die Großstadt zurück. Auch er hat der Nachwelt einige Spruchweisheiten hinterlassen. »Halte jedes Versprechen, aber gib keins« oder »Glücklich ist, wer vergisst, was nicht mehr zu ändern ist«.

In unserem Zusammenhang ist aber nur diese eine von Bedeutung. Mit dröhnendem Lachen berlinerte er: »Erstens kommt det anders und zweetens als de denkst.«

Dieser Satz steht in vollkommenem Gegensatz zu »Erst denken, dann handeln«.

Und meine Großväter waren auch äußerlich verschieden: mein Wuppertaler Opa eine ernste Erscheinung mit strahlend blauen Augen, der Berliner ein listig-östlicher Typ, einem Tartaren aus der Satteltasche gefallen. Neben ihrem unterschiedlichen Aussehen hatten sie, gemäß ihren verschiedenen Lebenseinstellungen, natürlich auch ganz eigene Strategien, den Alltag zu meistern:

Der Wuppertaler Großvater plante sorgsam und verlegte den möglichen Genuss im Hier und Jetzt gerne in die Zukunft. So besaß er die erstaunliche Gabe, ein weihnachtliches Marzipanbrot zu portionieren. Immer am Wochenende nach der Sportschau holte er es wie einen

Schatz aus dem Kleiderschrank, wo es zwischen akkurat gebügelten Hemden lagerte. Er schälte es behutsam aus einer Zellophanfolie und schnitt mit einem kleinen Perlmuttmesserchen zwei hauchfeine Scheiben herunter, die, wenn man sie gegen das Licht hielt, durchscheinend waren. Wir ließen sie andächtig auf der Zunge zergehen. Meist labten wir uns noch zu Ostern an diesem einen Leckerbissen. Dann gab es Nachschub, zwei mit Schokolade überzogene Marzipaneier, die bis Weihnachten hielten.

Ganz im Gegensatz dazu liebte es mein Berliner Großvater, den Augenblick voll auszukosten, da er ja nicht wusste, was die Zukunft bringen würde. Das allerdings brachte ihm später Leid ein. Opulentes Essen, Frauen aller Art und exzessiver Tabakgenuss sind weder dem Geldbeutel noch der Gesundheit auf die Dauer zuträglich. So wundert es nicht, dass er arm starb, nicht ohne sich jedoch auf die für ihn typische Art und Weise aus dem Leben zu verabschieden. Er war Kettenraucher und schon stark vom Krebs gezeichnet, als ich ihn in Berlin besuchte. Uns beiden war klar, dass wir uns das letzte Mal sahen. Wir saßen uns eine Weile schweigend gegenüber, dann kramte er in einer Pappschachtel und fingerte zwei abgegriffene Hundertmarkscheine heraus. Das war sein letztes Geld.

»Junge, fahr zum Kaufhaus des Westens und kauf uns Lachs!« Er machte eine bedeutungsschwere Pause: »Aber ich bitte dich, nichts von dem gewöhnlichen Zeug. Ich will Gotland-Lachs.« Er betonte jede Silbe. Ich spitzte die Ohren. Gab es in der Ostsee noch Wildlachse? Opa räusperte sich. Es folgte ein Exkurs über die

Natur der Lachse im Allgemeinen und das Leben des Gotland-Lachses im Besonderen. Ich erfuhr, dass dieses Exemplar unter Kennern der unbestrittene König der Salme ist. Leider ist er so selten, dass an der Ostseeinsel nur alle zwei Jahre einer vorbeischwimmt. Das macht seinen Preis verständlich. Als ich im KaDeWe vor der ausladenden Fischtheke stand, krampfte sich mir der Magen zusammen. Für die wenigen, mit einem scharfen Messer tranchierten Scheiben legte ich das gesamte Geld auf den Tisch. Doch Widerstand war zwecklos. Opa Kurt bestand auf dem Besten, dem wirklich unvergesslichen Geschmack. So verzehrten wir genüsslich die Delikatesse auf lauwarmem Toast und köpften noch eine erlesene Flasche aus seinem gut bestückten Weinkeller. Wenige Tage später war er tot. »Das letzte Hemd hat keine Taschen«, sagte er noch. Wie wahr. Ich erbte kein Geld, dafür aber einen Geflügelbräter, den ich in Ehren halte, genauso wie die Lachslektion.

Wer von den Großvätern hatte Recht? Ist das Leben planbar oder nicht? Die Wahrheit wird irgendwo zwischen diesen Positionen liegen. Aber wo genau? Persönlich neigte ich früher dazu, die Macht vernünftigen Planens zu überschätzen. Seitdem die Kinder da sind, hat sich diese Einstellung gravierend verändert. Erratisch auftauchende Krankheitswellen und kräftezehrende Launen, die ihre geheimnisvollen Ursachen in sich ruckartig vollziehenden Entwicklungsschüben haben, legen es nahe, das Unberechenbare zu akzeptieren. Interessanterweise blieb diese Einsicht nicht auf das familiäre Umfeld beschränkt.

Wie bereits angedeutet, gab das durch unsere Kinder verursachte Alltagschaos den Anstoß, eine Brücke vom Kleinen zum Großen zu schlagen und damit wissenschaftliche Theorie und Lebenspraxis einander anzunähern. Mir dämmerte, dass die Beschäftigung mit Chaostheorie und Quantenmechanik mehr ist als ein intellektuelles Glasperlenspiel. Die Konsequenzen aus solchen Theorien gepaart mit den alltäglichen Erfahrungen nähren nämlich den Verdacht, dass Planbarkeit nicht nur in der Familie, sondern auch in vielen anderen Bereichen des menschlichen Lebens eine Illusion ist, ein Narkotikum gegen die Angst vor dem Ungestalteten. Das Chaos scheint allgegenwärtig zu sein, und man gewinnt den Eindruck, dass sich die Vernunft zu diesem verhält wie ein Putzeimer zum Schwimmbad: Man kann damit schöpfen, aber das Becken bleibt eigentlich immer gleich voll.

»Erstens kommt det anders und zweetens als de denkst.« Es scheint kein Weg daran vorbeizuführen, die Lebensmaxime von Opa Kurt ernst zu nehmen. Um das plausibel zu machen, führen wir jetzt ein paar Indizien für die Unplanbarkeit des Lebens an. Wir werden sehen, dass selbst in Formeln gekleidete wissenschaftliche Modelle, die vorgeben, die Zukunft vorwegzunehmen, nicht immer den Ansprüchen genügen, die man an sie stellt. In vielen Fällen weigert sich die Wirklichkeit beharrlich, in ein symbolisches Korsett gezwungen zu werden, und offenbart eine überbordende Vielfalt, die sich einer wissenschaftlichen Formalisierung entzieht. Diese Einsicht zu akzeptieren und zum Bestandteil der eigenen Lebensphilosophie zu machen, ist eine große Herausforderung.

Im Dickicht des Möglichen
Ist es immer vernünftig, vernünftig zu sein?

Was glauben Sie eigentlich? Sind wir in der Lage, vernünftige Entscheidungen zu treffen? Hat es tatsächlich einen Sinn, in der Gegenwart Für und Wider sorgfältig abzuwägen, um auf diese Weise die zukünftige Entwicklung abzuschätzen? Sicher, wenn Sie sich eine geladene Pistole an den Kopf halten und den Abzug betätigen, dann fallen Sie tot um. Wenn Sie täglich den Rauch von achtzig Zigaretten inhalieren, wird Ihre Lunge Schaden nehmen. Auch um sich schnell bewegende Körper großer Masse wie Autos oder Hochgeschwindigkeitszüge sollten Sie einen großen Bogen machen: Bei einem Zusammenstoß werden Sie den Kürzeren ziehen. Das alles sind übersichtliche Ursache-Wirkungsbeziehungen, und in solchen Fällen ist es ein Gebot der Klugheit, seiner Vernunft zu trauen.

Doch in unserer vernetzten Welt gibt es leider nicht nur einfache Kausalzusammenhänge, die unser Leben berühren. Im Gegenteil, vieles ist abgründig, verworren und komplex. Reicht unser intellektuelles Instrumentarium aus, um auch solche Szenarien in den Griff zu bekommen? Ist es auch in diesen Bereichen immer vernünftig, vernünftig zu sein? Man könnte optimistisch sein, da wir Menschen beim Lösen von Problemen auf ein schier unerschöpfliches Wissen zurückgreifen können, das in Bibliotheken und im Internet gehortet ist und uns auf der Erde eine Sonderstellung sichert. Wie sich aber zeigt, ist nicht die prinzipielle Verfügbarkeit von Information das Problem. Die Schwierigkeit liegt darin, aus dem Ozean des Wissens die relevanten Informationen herauszufischen und diese in eine dem Problem angemessene Beziehung zu setzen, um dann die richtigen Schlussfolgerungen zu ziehen. Schlussendlich sollte man dann noch in einem Zeitraum zu einem Ergebnis kommen, der ein Menschenalter nicht überschreitet. Das ist in vielen Fällen leider ein aussichtsloses Unterfangen.

Beginnen wir zur Veranschaulichung mit scheinbar simplen Entscheidungsprozessen, bei denen der Wert vernünftigen Abwägens und Entscheidens nach Auffassung der Allgemeinheit außer Frage steht. Prozesse also, für die das Credo meines Wuppertaler Opas »Erst denken, dann handeln« zu gelten scheint. Im Vergleich zu der Frage, wie unsere Kinder in zwanzig Jahren leben werden, sind sie von erschreckender Banalität, und wir sollten sie sehr schnell abhaken können. Wir beschäftigen uns jetzt mit rational begründeten Kaufentscheidungen, einer Domäne der Männer also. Gemäß der Aussage vieler Männer funktioniert ihr wertender Verstand in solchen Zusammenhängen wie ein Cruise Missile: Ziel eingeben, augenblickliche Position und Abfluggeschwindigkeit berücksichtigen, Abschuss, Treffer. Eine rationale Kaufentscheidung ist etwas ganz anderes als ein intuitiver Schuhkauf. Um etwas über ihr spezielles Wesen zu lernen, beobachten wir einen Mann, der sich etwas auf seine technische Vernunft einbildet, bei der Arbeit. Er möchte ein technisches Gerät, zum Beispiel eine moderne Digitalkamera, erwerben, von der er sich in der Zukunft einen persönlichen Gewinn erwartet. Was bedeutet das? Das bedeutet, dass er das Gerät und seine eigenen Bedürfnisse richtig einschätzen muss. Dieses Problem löst der Mann, indem er ein Anspruchsprofil erstellt. Zu diesem Zweck formuliert er Fragen an sich selbst, die er ehrlich beantwortet: Geht es wirklich darum zu fotografieren oder sollen die Kumpel aus der Saunarunde mit der Anzahl der Megapixel beeindruckt werden? Dumme Frage, es geht natürlich ums Fotografieren. Und was soll denn abgelichtet werden? Möchte man sich vielleicht in die Kunst der Akt- und Porträtfotografie einarbeiten oder knipst man doch eher die Geburtstagstorte und den Jahresurlaub? Auch diese Fragen werden ohne emotionalen Wankelmut beantwortet. Damit ist das Ziel festgelegt, und es muss nur noch entschieden werden, auf welchem Weg man es erreicht. Erneut stellt der Mann Fragen an sich selbst, die er ehrlich beantwortet. Diese betreffen nun die Welt der Technik: Wie wichtig sind ihm unter Berücksichtigung der Zielvorstellungen die Auflösung des Apparates, seine Farbtreue, die Größe, das Handling, die Menüführung der Kamera, das Speicherkartenformat, die Kompatibilität dieses Formats mit dem eigenen Computer, das Rauschen beim Fotografieren im dämmrigen Licht, die Auslöseverzögerung, die Genauigkeit und Schnelligkeit des Autofokus, das Design und so weiter und so weiter? Wir unterstellen immer noch, dass unser Mann zu den wenigen Menschen gehört, die auf diese Fragen konkrete Antworten geben können. Doch jetzt kommt erst das eigentliche Problem. Wie kann man sein Anspruchsprofil, also die Sollwerte, mit den Istwerten vergleichen? Angenommen, es existieren nur zwanzig verschiedene Quellen, in denen sich der Suchende kundig macht, dann tauchen trotzdem eklatante Schwierigkeiten auf. Oft kommen die Publikationen ja zu völlig verschiedenen Ergebnissen! Zeitung A findet das Modell von XY fantastisch. Zeitung B findet die Kamera nur mittelprächtig. Wer behauptet, dass dies damit zusammenhängt, dass XY in der Zeitung A viele Anzeigen schaltet, ist ein argwöhnischer Mensch. Dem Sollwertprofil stehen nun *verschiedene* Istwertprofile gegenüber. Das ist sehr ärgerlich, denn deren Glaubwürdigkeit müsste unser Mann eigentlich beurteilen können. Kann er das? Wenn nicht, ist er gezwungen, sich selbst zum Spezialisten zu machen, obwohl er ja eigentlich nur schnell einen Fotoapparat kaufen wollte. Wie misst Publikation A die Farbtreue? Ist diese Methode glaubwürdiger als die Methode von Zeitung B? Unverdrossene lassen sich auch von solchen Schwierigkeiten nicht abschrecken. Im Vertrauen auf die eigenen analytischen Kompetenzen steigen sie ganz tief ein, um in letzter Konsequenz vollkommen handlungsunfähig zu werden, da es immer noch einen Punkt zu beachten gibt, der gegen die anderen Punkte gewichtet werden muss.

Trifft man dann zum Schluss, angespannt bis in die Fußnägel, tatsächlich eine vernünftige Entscheidung, indem man das gesammelte Für und Wider emotionslos gegeneinander abwägt? Zielvorgabe, Abschuss, Treffer? Oder ist es nicht doch so, dass man in seiner Verzweiflung letztlich aus dem Gefühl heraus entscheidet und den unfruchtbaren, sich manchmal Monate hinziehenden Abwägungsprozess nur als eine Art mentales Trostpflaster benutzt, so als hätte sich die Kaufentscheidung wirklich einem von der Vernunft geleiteten Selektionsprozess zu verdanken? Da man bewusst nur ziemlich wenige Größen gleichzeitig behandeln kann, gewinnt man den Eindruck, dass das, was man gewöhnlich als Vernunft bezeichnet, einem wirklich komplexen Entscheidungsprozess eher selten gewachsen ist.[7] Das führt dazu, dass die Wahrscheinlichkeit wächst, emotional zu entscheiden, je intensiver man sich bemüht hat, vernünftig zu sein. Das Problem wächst einem buchstäblich über den Kopf. Zwanzig oder dreißig Einflussgrößen, deren Wert man manchmal gar nicht exakt benennen kann, in Beziehung zu bringen und schließlich gegeneinander abzuwägen, wer ist dazu wirklich in der Lage? Bleibt also die Möglichkeit, aus dem Bauch heraus zu entscheiden. Das ist manchmal nicht die dümmste Strategie. Einige Untersuchungen zeigen, dass das Bauchgefühl dem analytisch-bewussten Vorgehen überlegen sein kann.[8] Beim »Iowa Card Test« sind die Probanden an einen Lügendetektor angeschlossen und sollen aus zwei verdeckten Stapeln Karten ziehen. Der eine Stapel beschert kleine Gewinne im Wechsel mit kleineren Verlusten. Der andere ist eher was für Zocker. Hier bekommt man für die Karten selten hohe Gewinne, dafür gibt es aber oft hohe Verluste. Wann begreifen die Teilnehmer, nach welchen Regeln die Stapel gemischt sind? Das hängt davon ab, was man unter Begreifen versteht. Nach nur zehn Zügen beginnen die Testpersonen auf jeden Fall, den gefährlichen Stapel intuitiv zu meiden. Der Lügendetektor misst Herzklopfen und Angstschweiß.

Würde man die Probanden jetzt fragen, weshalb sie den einen Stapel bevorzugen, den anderen aber meiden, könnten sie keine Antwort geben. Erst nach achtzig (!) Zügen sind sie in der Lage, ihre Entscheidung bewusst zu begründen. Das Unterbewusstsein eilt bei diesem Test dem Bewusstsein also weit voraus. Das haben Frauen wahrscheinlich schon immer geahnt. Erfährt der intuitive Schuhkauf jetzt endlich seine wissenschaftliche Legitimation?

Es liegt mir natürlich fern, den Stab über alle rational entscheidenden männlichen Käufer zu brechen. Persönlich komme ich allerdings nicht an der Tatsache vorbei, mein eigenes Scheitern einzugestehen. Mehr als einmal verhedderte ich mich bei Kaufentscheidungen bis zur Selbstlähmung in vermeintlichen Argumentationsketten. Aufgrund dieser Erfahrungen habe ich beim Kauf technischer Geräte einen radikalen Strategiewechsel vollzogen und empfehle Frauen und einsichtigen Männern das folgende Rezept:

Möchte man beispielsweise einen CD-Spieler erwerben, dann gehe man zu einem Fachhändler mit umfangreichem Sortiment. Dem Sachverstand des Fachverkäufers wird keine Beachtung geschenkt. Er muss nur die Geräte in Betrieb setzen können und in der Lage sein, eine Registrierkasse zu bedienen. Jetzt lege man eine vertraute CD ein und lausche. Gefällt einem der Klang, so ganz subjektiv und ohne dass man ein Register von Messkurven miteinander vergleicht, dann kommt das Gerät in die engere Auswahl. Jetzt wird das Gerät hochgehoben. Der Verkäufer denkt, man suche die Anschlussbuchsen, und eilt herbei. Irrtum. Man sucht nichts. Stattdessen schüttelt man kräftig das Gerät. Der Verkäufer erstarrt und ist kurz davor, den Ladendetektiv zu holen. Klappert es nicht und liegt es gut in der Hand, dann betrachte man dies als Indiz für Wertigkeit. Stimmt auch noch der Preis, wird sofort zugeschlagen. Diese Strategie macht das Leben einfacher, und die auf diese Weise erworbenen Geräte können es spielend mit denen aufnehmen, deren Kauf sich einem jahrelangen, ermüdenden Auswahlprozess verdankt.

Kommen wir vom Thema ab? Nein. Wir haben plausibel gemacht, dass vernünftige Entscheidungen selbst in der übersichtlichen Kunstwelt technisch hergestellter Gegenstände nur schwer zu bewerkstelligen sind. Wie aussichtslos wird das Unterfangen, wenn wir diese ambitionierte, aber oft wirkungslose Form des Denkens auf das Leben in seiner ganzen Fülle loslassen?

Beginnen wir in einem jedem Menschen vertrauten Raum, der Küche. Räumen Sie manchmal die Spülmaschine aus und sind ein fauler Mensch? Faule Menschen sind oft kreativ bei der Arbeit, da sie Energie sparen wollen. Wenn ein fauler Mensch eine Spülmaschine ausräumt, betrachtet er das als intellektuelle Herausforderung. Er stellt sich die folgende Frage: Wie ist es möglich, Bestecke, Teller, Tassen, Nuckelflaschen, Töpfe und Bräter in möglichst wenigen Arbeitsgängen in die Schränke einzuräumen? Oder anders ausgedrückt, wie lässt sich der Aufwand beim Ausräumen minimieren? Das ist ein Problem, das sich einfach formulieren lässt. Aber kann man es durch vernünftiges Nachdenken auch lösen? Versuchen Sie es! Aber seien Sie gewarnt, es führt in die Abgründe der Mathematik, und Ihre verbleibende Lebensspanne wird nicht ausreichen, eine optimale Lösung zu finden, selbst wenn Ihnen ein Cray-Supercomputer zur Verfügung steht, mit dem Astrophysiker den Urknall simulieren.

Die einfachste und schlechteste Herangehensweise an das Spülmaschinenproblem besteht darin, jeweils ein Teil herauszunehmen, es in den Schrank zu räumen und zur Maschine zurückzugehen. Bei 100 Teilen macht das genau 200 Wege. Da erinnert man sich doch gerne an das Wunderwerk der menschlichen Hand mit seinen vielfältigen Möglichkeiten zu greifen. Wie die Kellnerin im Festzelt können wir mehrere Dinge auf einmal tragen. Wir füllen Krüge und Gläser mit Besteck und stellen diese in einen Topf, in dem schon diverse Nuckelflaschen lagern. Den vollgestopften Topf nehmen wir in die Hand, an den kleinen Fingern haken wir noch ein Nudelsieb und eine Parmesanreibe. Da fragt man sich, wie viele Möglichkeiten des Verstauens und Greifens es eigentlich gibt. Da Spülmaschinen keine mathematischen Beispielsysteme in der Kombinatorik sind, ist diese Frage bis heute nicht beantwortet. Ein paar Milliarden Möglichkeiten werden es schon sein, wobei ein Pedant versucht ist anzumerken, dass man sich neben einer kombinatorischen Aufgabe noch ein kompliziertes Packproblem aufgehalst hat. Packprobleme lassen sich ebenfalls einfach formulieren, aber selten vernünftig lösen. In der Mathematik schlägt man sich seit Johannes Kepler mit solchen

Fragen herum. In seiner Schrift *Über den hexagonalen Schnee* aus dem Jahre 1611 entwirft Kepler nicht nur eine Theorie über den bizarren Formenreichtum der Schneeflocken. Er beschäftigt sich auch damit, wie man Bälle am besten in einer Kiste verstaut. Kepler vermutet: indem jeder genau sechs anliegende Nachbarn hat. In der nächsten Schicht legt man nun die Bälle in die Lücken etc. Diese Art zu packen nennt man eine flächenzentriert-kubische Anordnung. Obsthändler wenden sie intuitiv an, wenn sie Orangen stapeln. Das intuitive Wissen eines Marktschreiers ist aber etwas anderes als ein mathematischer Beweis, und ein solcher steht bis heute aus. Seit nahezu vierhundert Jahren fragt man sich, ob die von Kepler vorgeschlagene Methode die beste ist und den Raum optimal ausnutzt. Man hat noch immer keine definitive Antwort gefunden. Doch Bälle oder Orangen sind handzahm im Vergleich zur Topologie von Babyschnullern, die zu allem Überfluss auch noch verformbar sind. Sie glauben, es sei eine einfache Aufgabe herauszufinden, wie man diese optimal in einem Transportverhältnis verstaut, um ihn von der Spülmaschine zu seinem Bestimmungsort zu bringen? Vergessen Sie es!

Doch sehen wir einmal ab von widerborstigen Pack- und Auswahlproblemen und versuchen lediglich, den Inhalt der Spülmaschine effizient auf die Schränke zu verteilen. Machen wir weniger Schritte, wenn wir zuerst die Gabeln einräumen und dann zum Glasschrank laufen, um schließlich noch den Mixer in die Konsole zu tun, oder ist eine andere Strategie empfehlenswert? Und schon wieder sehen wir uns mit einer Fragestellung konfrontiert, an der sich selbst Spezialisten die Zähne ausbeißen. Diese grübeln im Auftrag der Mineralölkonzerne über der Frage, wie man eine Flotte von Tanklastern, die verschiedene Städte mit Öl versorgen sollen, so von der einen zur anderen schickt, dass diese auf ihrer Reise möglichst wenig Sprit verbrauchen. Wenn die Anzahl der Städte eine bestimmte Größe überschreitet, ist diese Frage in einer vernünftigen Zeit nicht mehr zu beantworten, und man muss sich mit Näherungslösungen zufrieden geben.

Damit stellen wir fest, dass selbst Spülmaschinen uns mit Problemen konfrontieren, die für uns sterbliche Wesen nicht zu lösen sind.[9]

Sie stehen im Hier und Jetzt vor einem Berg von Geschirr und wissen definitiv nicht, wie Sie es anstellen sollen, diesen schnellstmöglich einzuräumen. Das Unplanbare lauert schon im trauten Heim.

Vermutlich werden Sie mittlerweile genervt darauf hinweisen, dass Ihnen das völlig egal ist. Sie kümmern sich schließlich nicht um solche sophistischen Fingerübungen eines faulen Wissenschaftlers und räumen die Maschine einfach aus, egal ob es ein paar Minuten länger dauert oder nicht. Sie haben natürlich Recht, ich wollte nur darauf hinweisen, dass das, was für Ihre Küche gilt, Ihnen in getarnter Form in vielen Bereichen des Lebens begegnen kann, zum Beispiel wenn Sie den ganzen Tag die Kinder von A nach B bringen, zwischenzeitlich noch die Einkäufe erledigen und zur Bank hetzen. Wie sollen Sie die Wege nur wählen, damit Sie es auch noch schaffen, pünktlich das Abendessen zu richten? Wenn Sie scheitern, können Sie sich trösten. Manchmal steht einfach die Mathematik zwischen Anspruch und Wirklichkeit. Es sind dann die verdeckten Gesetze der Kombinatorik und der verschwisterten Komplexitätstheorie, die es unmöglich machen, so effizient zu sein, wie man es gerne wäre.

Diesige Zeiten
Wie werden unsere Kinder in zwanzig Jahren leben?

Widmen wir uns nun handfesteren Fragestellungen, die viele Menschen für relevanter halten. Wie sieht es da mit der Planbarkeit aus? Besuchen wir die Tempel der Forschung und schauen den akademischen Eliten über die Schulter, die kryptische mathematische Modelle der Wirklichkeit erschaffen, um dem Lauf der Dinge vorauszueilen!

Wir beginnen mit einer Frage, die viele interessiert: der verlässlichen Vermögensplanung. Sie haben als Mutter oder Vater ein wenig Geld auf der hohen Kante und wollen es für die Kinder mit Gewinn anlegen, damit sie trotz Studiengebühren in zwanzig Jahren die Universität besuchen können. Aktien kommen für Sie nach dem Crash der vergangenen Jahre nicht infrage, da Sie das Risiko scheuen. Außerdem haben Sie gelesen, dass Affen, die mit Dartpfeilen auf eine Liste börsennotierter Unternehmen werfen, bei ihrer Auswahl meist erfolgreicher sind als die Anlageprofis, die Sie bei Ihrer Hausbank beraten.[10] Also lieber den Betrag als Festgeld anlegen! Zumindest die Zinseszinsformel funktioniert ja als verlässliches Voraussageinstrument. Da gibt es nur einen kleinen Haken: die Prognostizierung der Zinsen, die Ihr Investment lukrativ oder zu einem Rohrkrepierer macht. Doch das scheint machbar. Allein in Deutschland gibt es wohl ein Dutzend Wirtschaftsinstitute, die mit Supercomputern komplexe Voraussagemodelle bearbeiten, die versuchen, die Volkswirtschaft zu simulieren. Dürfen wir deren Ergebnissen Glauben schenken? Besser nicht. Die Voraussage des Wirtschaftswachstums, das in Beziehung zur Höhe der Zinsen steht, ist auf sandigem Grund gebaut. Die Voraussagen gehen nämlich oft daneben. Wie dicht und unüberschaubar das Netzwerk aus Ursachen und Wirkungen geknüpft ist, lässt sich gerade in jüngster Zeit veranschaulichen. Wir schreiben das Jahr 2005. Über dem Golf von Mexiko wächst ein Hurrikan heran, der die Vereinigten Staaten von Amerika traumatisieren wird. Sein Name ist Katrina, und Katrina lässt New Orleans in Wasser und Schlamm versinken. Was hat das mit meinem Sparbuch zu tun, werden Sie fragen? Katrina hat nicht nur New Orleans zerstört, sondern auch eine Menge Bohrinseln und Raffinerien unbrauchbar gemacht. Das führt zu einer Verknappung des Benzins in Amerika. Knapp wird das Benzin aber auch deshalb, weil in Amerika wenig Diesel gefahren wird, die Amerikaner mit ihren Autos also auf eine höhere Veredlungsstufe des Kraftstoffs angewiesen sind. Der Mangel raffinierten Kraftstoffs und die damit verbundenen Ängste der Verbraucher zusammen mit der Gewinnsucht von Spekulanten, die von diesen Ängsten profitieren wollen, treiben den Ölpreis in die Höhe. Wachsende Energiepreise aber schüren inflationäre Tendenzen. Mit dem Geld in Ihrer Tasche können Sie immer weniger kaufen, da die Preise steigen. Um das Gespenst der Inflation im Griff zu behalten, gibt es die Zentralbanken, die Zinsen je nach Bedarf erhöhen oder senken. Diese unberechenbaren Zinsen aber sind es, die Sie sich beim Sparen als verlässliches Anlageinstrument auserkoren hatten.

Es sieht also so aus, als gäbe es eine Beziehung zwischen Sparerfolg und der Wechselhaftigkeit des Wetters oder ganz allgemein dem unberechenbaren Auftauchen von Naturkatastrophen. Haben Sie schon einmal darüber nachgedacht, was mit dem Kapitalmarkt und den Zinsen passiert, wenn es im erdbebengefährdeten Los Angeles oder San Francisco zu einem verheerenden Beben kommen wird?

Wenn wir jetzt schon nicht wissen, ob unsere Kinder in Zukunft begütert sein werden, werden sie denn wenigstens in Frieden leben? So wie es Optimisten gibt, die glauben, die Entwicklung einer Volkswirtschaft simulieren zu können, so gibt es auch gesellschaftspolitische Experten, die für solche Fragen mathematische Modelle entwickelt haben. Einige davon behandeln das Entstehen von Kriegen.[11] Doch Vorsicht! Diese Modelle sind das Papier nicht wert, auf dem sie stehen. Das lässt sich leicht einsehen, auch wenn man geneigt ist, sich von komplizierten mathematischen Formeln einschüchtern zu lassen. In allen brauchbaren Modellen, die vorgeben, die Wirklichkeit zu beschreiben, gibt es Größen, denen Messwerte zugeordnet werden müssen. Erinnern Sie sich an Ihre Schulzeit! An der Tafel steht eine Formel. Diese beschreibt ganz allgemein, wie eine Metallkugel von einem Tisch fällt. Um nun zu einem konkreten Ergebnis zu kommen, müssen Sie in die Formel exakte Messwerte einsetzen. Dann, und nur dann, können Sie das physikalische Phänomen mathematisch simulieren. Möchten Sie also wissen, wie eine Kugel von einem Tisch auf den Boden fällt, dann sollten Sie wenigstens die Höhe des Tisches, das Gewicht der Kugel und die Anziehungskraft der Erde kennen, um diesen Prozess glaubwürdig berechnen zu können. Das bedeutet ganz konkret, dass Sie Messungen vornehmen müssen! Die Anziehungskraft der Erde ist bekannt, eine Höhe misst man mit einem Zollstock und das Gewicht mit einer Waage.

Im Falle mathematischer Kriegsmodelle indes, muss man schwammigen Größen wie zum Beispiel dem *Groll* verfeindeter Völker einen konkreten Messwert zuordnen (Grollparameter). Da ist die Gretchenfrage zu stellen, ob irgendeine sinnvolle Methode existiert, einen solchen Wert zu ermitteln? Gibt es ein geheimnisvolles Messinstrument namens »Grollometer«, mit dessen Hilfe man feststellen kann, ob der Grollparameter, der die Beziehung Amerikas zum Iran beschreibt, eher bei 6.257 oder 6.258 liegt? Ein solches Instrument gibt es natürlich nicht. Aus diesem Grund liefern mathematische Modelle, die solche fragwürdigen Größen enthalten, auch keine verwertbaren Aussagen. In der Computerfachsprache bezeichnet man sie deshalb abwertend als *GIGO* (Garbage In Garbage Out)

Mit dem Hinweis auf den Wirbelsturm Katrina haben wir schon angedeutet, dass Wetter und Klima eine sehr eigenwillige Dynamik besitzen. Deshalb fragen wir uns jetzt, wie sich das Antlitz unseres Planeten unter dem Einfluss hypothetischer Klimaänderungen wandeln wird:

Die Atmosphäre hat sich erwärmt. Gletscher und Polkappen schmelzen ab, und die Malediven kennt man nur noch vom Hörensagen. Wenn unsere Kinder in zwanzig Jahren in See stechen, können sie das noch von Hamburg aus tun oder ist die Stadt an der Elbe dann schon ein modernes Atlantis, da der Meeresspiegel um mehrere Meter gestiegen ist?

Selbst in der Klimaforschung, die heute in aller Munde ist, bewahrt der Kluge seine Skepsis. Wie hoch die Temperatur in zwanzig, fünfzig oder hundert Jahren sein wird, weiß heute niemand mit Genauigkeit zu sagen, auch wenn viele es behaupten, um Forschungsgelder einzuwerben.[12] Die gängigen Modelle sind oft nicht einmal in der Lage, wenn man von der bekannten Gegenwart zurückrechnet, die früher gemessenen Klimadaten zu reproduzieren. Bei den Aussagen für die Zukunft gerät man noch weiter in das Reich der Spekulation. Dass ein vermehrter Kohlendioxidausstoß zur Erwärmung beiträgt, scheint eine ausgemachte Sache zu sein. Doch wie groß wird der Temperaturanstieg tatsächlich sein? Dazu müsste man z.B. wissen, wie viel Kohlendioxid vom Wasser der Weltmeere gebunden wird. Eine bis heute nicht konkret beantwortete Frage. Deshalb wundere man sich nicht, dass die angenommenen Temperatursteigerungen um mehrere hundert Prozent schwanken.[13] Doch das alles beruht auf der Annahme, dass das Weltklima sich nicht rapide, sondern graduell verändert. Diese Annahme aber ist nicht zwingend. Die Analyse des Grönlandeises hat ergeben, dass im Laufe der Jahrtausende das Klima in sehr kurzen Zeiträumen kälter oder wärmer geworden ist. Binnen eines Jahrzehnts konnte die Durchschnittstemperatur um bis zu 6 Grad absacken oder im selben Zeitraum um mehr als 10 Grad ansteigen. Damit würde Moskau so warm wie Madrid werden, und die Russen würden im November nicht mit der Kosakenmütze über den Petersplatz spazieren, sondern in Bermudashorts. Es wird eifrig diskutiert, wie es zu diesen abrupten Schwankungen kommt. Vermutlich haben die großen Meeresströmungen etwas damit zu tun.[14] Sollte der Golfstrom zum Erliegen kommen, werden Berlin und Hamburg vermutlich unter einem Eispanzer verschwinden. Ob die von uns hausgemachte Klimaerwärmung ein solches Szenario eher begünstigt oder aber herausschiebt, ist gleichfalls eine unbeantwortete Frage. Wie sollen wir unter diesen Umständen verlässliche Aussagen über die Zukunft machen?

Die Unbeantwortbarkeit solcher grundlegenden Fragen ist natürlich kein Freibrief, unsere Erde nach Belieben zu verseuchen. Wir müssen tun, was in unserer Hand liegt, ohne aber aus den Augen zu verlieren, dass die Erde ein ruheloser Planet ist und sich permanent wandelt. Der Kilimandscharo wuchs in nur einer Million Jahre aus einer Ebene auf über fünftausend Meter in die Höhe. Da wo heute San Francisco liegt, ergoss sich vor nur viertausend Jahren ein gigantischer Wasserfall in den Pazifik, und lediglich tausend Jahre früher war die Sahara noch ein blühender Garten Eden. Deshalb ist es eine Illusion, die Erde in ihrem Jetztzustand konservieren zu können. Auch wenn wir es gerne verdrängen: Wir müssen auf große Überraschungen gefasst bleiben.

Damit kommen wir zur wichtigsten aller Fragen: Bleiben unsere Kinder gesund oder werden sie krank, indem sie zum Beispiel Krebs bekommen?

Da wo das individuelle Schicksal am verborgensten liegt, lassen sich statistisch die genauesten Angaben machen. Werfen wir zur Veranschaulichung wieder einen Blick auf die Physik. In einem Gas wie der Luft sausen Myriaden von Molekülen unvorhersehbar durcheinander, und der Weg eines einzelnen lässt sich unmöglich bestimmen. Der Druck eines Gases aber, der über alle diese Teilchen gemittelt wird, lässt sich sehr genau ausrechnen. Wenn Sie bei einer bestimmten Temperatur Luft in einer Fahrradpumpe haben und das Volumen verringern, dann weiß man genau, wie der Druck steigt. In vergleichbarer Weise ist bekannt, wie viele Menschen bei uns im Schnitt z.B. an Lungenkrebs erkranken. Wenn Sie die Bevölkerungszahl in Deutschland kennen und berücksichtigen, ob jemand raucht oder nicht, und zudem sein Alter in Rechnung stellen, dann können Sie seine Wahrscheinlichkeit ermitteln, an Lungenkrebs zu sterben. Das ist aber auch alles. Bei der individuellen Entstehung von Krebs, bei der Mutationen des Erbguts eine wesentliche Rolle spielen, kommen wir in das Rätselreich der Quantenmechanik. Vielleicht erinnern Sie sich noch aus der Schulzeit, dass in der Mikrowelt der Atome und Moleküle ein geheimnisvoller, bis heute nicht verstandener Zufall sein Unwesen treibt, der bei der Mutation der Gene ein persönliches Schicksal vollständig zu verändern vermag. Diese Form des Zufalls ist eines der größten Fragezeichen unserer Zeit. Ihn planen zu wollen, heißt, seine wahre Natur zu verkennen.

Das Lebensrennen
Der Planungswahn frisst unsere Kinder

Wenn wir nun bereit sind zuzugeben, dass nicht nur der familiäre Alltag, sondern auch viele andere Bereiche unseres Lebens verwirrend vielschichtig sind und die uns zur Verfügung stehenden mentalen Werkzeuge nicht ausreichen, um die Verflechtungen von Ursachen und Wirkungen zu entknoten, dann begegnen wir einem bemerkenswerten Phänomen: Offensichtlich nehmen viele Menschen nicht zur Kenntnis, dass das Unplanbare, und damit auch unvorhersehbarer Wandel, Teil der eigenen Existenz ist. Stattdessen geben wir uns einer Illusion hin. Wir träumen von einer analysier- und steuerbaren Welt. Dass diese Welt kompliziert ist, wird zwar zugegeben, aber man glaubt, Fachleute hätten diese Komplexität im Griff, Wissenschaftler etwa, die in der Lage seien, genau zu sagen, was richtig und falsch ist. Dass auch Experten manchmal nur auf höherer Ebene ahnungslos sind, verdrängt man gerne und entwickelt stattdessen eine Planungsbesessenheit, die am wahren Leben vorbeigeht. Diese orientiert sich am Ratschlag vermeintlicher Spezialisten und gibt uns das Gefühl, souverän entscheiden und handeln zu können. Ist das nur eine harmlose Grille? Im Gegenteil. Ein solcher Mechanismus kann bedenkliche Folgen haben.

Ausdruck allgegenwärtiger Planungsbesessenheit ist zum Beispiel die Bereitschaft vieler Eltern, ihre Kinder fast jeder pädagogischen Mode auszuliefern, wenn sich diese nur in ein wissenschaftliches Mäntelchen kleidet. Der Satz »Hirnforscher haben bewiesen ...« kann dabei sonderbare Konzepte legitimieren. So leiden unsere Kinder momentan unter dem Diktat der frühkindlichen Förderung. Gerade beim sogenannten »Babytuning« werden Eltern und Kinder Opfer einer fatalen Wissenschaftsgläubigkeit.

Das Wort »Tuning« kennen wir eigentlich aus dem Motorsport, wenn es darum geht, Serienfahrzeuge durch Manipulationen an Fahrwerk, Getriebe und Motor schneller zu machen. Dass jetzt nicht mehr nur PS-Boliden getunt werden, sondern auch Babys, ja sogar Föten, mag auf den ersten Blick erstaunen. Auf den zweiten Blick wundert man sich nicht mehr. Das Ziel ist letztlich nicht von dem der Rennfahrer zu unterscheiden. Auch bei den Babys geht es darum, sie auf einen Wettkampf vorzubereiten, auf das Lebensrennen, das in der fernen Zukunft entschieden wird. Für dieses Rennen bemühen sich die Eltern um die besten Startplätze.

Die extremsten Auswüchse des »Babytunings«, das auch bei uns langsam modern wird, finden wir in Südkorea, einer aufstrebenden Wissenschaftsnation. Die Südkoreaner behaupten von sich selbst, »eine Krabbe in einem Meer von Walen« zu sein. Das soll bedeuten, dass das kleine, rohstoffarme Land in der Nachbarschaft von China, Russland und Japan nichts anderes besitzt als die Intelligenz seiner Bewohner. Die Mittel, um diese zu steigern, sind teilweise gruselig. Um »die Intelligenz zu stimulieren« werden Ungeborene schon im Mutterbauch mit Lichtblitzen beschossen und mit Mozartsonaten beschallt. Kaum sind die Kinder auf der Welt, soll piependes Computerspielzeug das logische Denken fördern. Vergleichbar sieht es in Amerika und England aus. Dort treten ehrgeizige Eltern neben dem »Babytuning« für das sogenannte »Hothousing« ein.[15] Damit sind Erziehungsprogramme gemeint, in denen Kleinkinder mithilfe von Bildkarten, Videos und anderem audiovisuellem Material Schulwissen im Lesen, logischen Denken und in der Mathematik erwerben sollen.

»Lehrprogramme« für die Allerkleinsten hören in Amerika übrigens auf so wohlklingende Namen wie *Baby Einstein's Learning Laboratory* oder *Brainy Baby*. »A little genius in the making« oder »Boost your baby's brainpower« sind zwei der Slogans, mit denen diese beworben werden, und es ist erstaunlich, aus was für einem umfangreichen Sortiment man wählen kann. Da gibt es nicht nur DVDs, die wenige Monate alten Säuglingen das Zählen vermitteln wollen oder das Unterscheiden geometrischer Formen. Es gibt sogar solche, die vorgeben, gezielt die linke und die rechte Hirnhälfte anzusprechen! *Brainy-Baby's Left Brain* hilft angeblich, das logische Denken, schlussfolgerndes Argumentieren und den Zahlensinn zu entwickeln. *Brainy-Baby's Right Brain* aktiviert dann die künstlerische Seite im Menschen: die Kreativität, die Intuition und die ganzheitliche Raumvorstellung. Welche Eltern werden da nicht schwach? Den Säugling einfach vor den Fernseher setzen, eine DVD einlegen, und schon fangen die grauen Zellen an zu wachsen!

Walt Disney, der Hersteller des *Baby Einstein's Learning Laboratory,* zu dem DVDs wie *Baby Newton, Baby Van Gogh, Baby Mozart, Baby Galileo* und viele andere gehören, hat mit dieser Illusion bereits Milliarden von Dollar umgesetzt. Wenn man in Rechnung stellt, dass gemäß einer Studie der Kaiser Family Foundation ca. 50 % der Amerikaner der Meinung sind, diese Lernmittel seien für die Intelligenz der Kleinkinder sehr wichtig, wundert man sich nicht mehr über den sensationellen Verkaufserfolg.

Doch wissen wir wirklich, ob es sinnvoll ist, das Gehirn von Föten und Babys mit klassischer Musik zu stimulieren, Säuglinge mit elementarer Logik und Mathematik zu konfrontieren oder den Tagesablauf eines Vorschulkindes mit Englisch- und Chinesischunterricht, Rhythmusübungen und naturwissenschaftlichen Experimenten vollzustopfen? Werden diese Kinder in zwanzig Jahren die besseren Studenten sein?

Da müssen wir die Frage nach den wissenschaftlichen Grundlagen dieser fragwürdigen Moden stellen. Angeblich werden sie durch Ergebnisse aus den Neurowissenschaften gestützt. Schon seit langem geistert die Geschichte von der »synaptischen Vernetzung« und den kritischen »Zeitfenstern« durch die Gazetten. Gemäß dem Motto »Was Hänschen nicht lernt, lernt Hans nimmermehr« wird behauptet, dass nur die Kinder ein hochgradig vernetztes Gehirn entwickeln, die hochgradig stimuliert werden, und zwar genau im richtigen Moment.

Grundlage dieser Annahmen sind in erster Linie zwei Experimentalreihen. Bei der einen wurden kleine Katzen verwendet, bei der anderen Ratten.

Die Experimente mit den Katzen führten vor allen die späteren Nobelpreisträger David Hubel und Torsten Wiesel in den sechziger Jahren an der Harvard-Universität durch.[16] Sie deckten jeweils ein Auge eines neugeborenen Kätzchens für drei Monate vollständig ab. Das Ergebnis war, dass die Katzen mit diesem Auge nicht sehen konnten, obwohl das Auge selbst keinen Schaden erlitten hatte. Sie waren »hirnblind«, da sich das dem abgedeckten Auge zugehörige Sehfeld in der Großhirnrinde wegen des Mangels an Eindrücken nicht entwickelt hatte. Auch mehrere Monate nach Ende des Experiments konnten die Tiere auf dem vormals verdeckten Auge nichts sehen. Im Gegensatz dazu hatte es keine nachteiligen Folgen, einer erwachsenen Katze ein Auge zu verbinden. Hier war das Sehsystem schon ausdifferenziert, und nach Abnahme der Binde konnte die Katze nach kurzer Eingewöhnungszeit genauso gut sehen wie früher.

Für die Entwicklung des visuellen Kortex' gibt es also tatsächlich ein kritisches Zeitfenster. Wenn in diesem Zeitraum keine Stimuli vorhanden sind, entwickelt sich das Sehen nicht, und der Verlust ist unwiederbringlich.

Die Rattenexperimente wurden in erster Linie von Bill Greenough an der University of Illinois gemacht.[17] Greenough teilte junge Ratten in zwei Gruppen. Die einen wuchsen ganz alleine in einem trostlosen Laborkäfig auf, die anderen zusammen mit ihren Spielkameraden.

Außerdem war deren Käfig mit Laufrädern, Leitern und Spielzeug ausgestattet. Es ergab sich, dass die bevorzugten Ratten in den Hirnregionen, die Sinnesreize verarbeiten, 25% mehr Synapsen pro Nervenzelle aufwiesen als die deprivierten. Außerdem erwiesen sie sich als wesentlich stärker bei der Lösung von Lernaufgaben, und sie fanden sich in unbekannten Labyrinthen schneller zurecht als die isoliert aufgewachsenen Tiere. Bemerkenswert war zudem, dass bei den Ratten, die sich in anregender Umgebung austoben konnten, das Gehirn besser mit Blut versorgt wurde.

Rechtfertigen diese Schlüsselexperimente frühkindliche Förderprogramme wie »Babytuning« und »Hothousing«, frei nach der Devise: »Wenn wenig wenig bewirkt, dann wird viel viel helfen«? Und kann man es im Lichte dieser Ergebnisse als erwiesen ansehen, dass solcherart stimulierte Kinder zu intelligenteren Zeitgenossen werden als jene, die mit Freunden auf der Straße Fußball spielen und in den Bäumen klettern?

Zuerst möchte ich darauf hinweisen, wie außerordentlich kompliziert und aufwändig es wäre, eine solche Frage wissenschaftlich zu beantworten. Man könnte mit einer statistisch aussagekräftigen Gruppe eineiiger Zwillinge arbeiten, wobei jeweils einer »getunt« wird und der andere nicht. Deren Entwicklung müsste über Jahrzehnte (!) beobachtet, protokolliert und ausgewertet werden. Ein solches Vorhaben erscheint aus mehreren Gründen illusorisch. Zum einen würden sich die Eltern der Zwillinge wehren, wenn ihre Kinder nach völlig verschiedenen Maßstäben großgezogen werden. Zum anderen wäre es sehr schwierig, wenn nicht sogar unmöglich, die exakten Einflussgrößen anzugeben, die später eventuell zu einem unterschiedlichen IQ führen würden. Gesetzt den Fall, der »getunte« Zwilling schneidet bei einem Intelligenztest im Alter von 25 Jahren besser ab. Ist dieses Ergebnis dann zwangsläufig auf die frühkindliche Förderung zurückzuführen? Oder hatte er nur Glück, weil seine langjährige Freundin deutlich klüger war als die seines Bruders?

Halten wir fest, dass solche umfangreichen Studien, die den Wert frühkindlicher Förderung wissenschaftlich untermauern, weder gemacht worden sind noch in naher Zukunft erwartet werden.[18] Dann kann man die Frage stellen, ob es denn wenigstens vernünftige Argumente für die Schlüsse gibt, die ehrgeizige Eltern aus den obengenannten Experimenten ziehen. Auch da sind Zweifel angebracht. Zuerst möchte ich betonen, dass es in den Experimenten von Hubel und Wiesel ausschließlich um die Entwicklung des Sehsystems ging. Von der Entwicklung des visuellen Kortex auf die Entwicklung eines wie auch immer gearteten Logik- oder Mathematikmoduls zu schließen, ist sehr gewagt. Man weiß zwar, welche Gehirnregionen bei der Lösung mathematischer Probleme beteiligt sind. Wie genau aber das Gehirn in diesem Zusammenhang vorgeht, ist weitgehend unbekannt.

Was die ungestörte Entwicklung des Sehsystems angeht, so ist es vollkommen überflüssig, das Gehirn künstlich zu stimulieren. Für die normale Ausbildung aller Sinnessysteme reicht jeder Haushalt, in dem die

Kinder nicht extrem vernachlässigt werden, vollkommen aus.

Bleibt die Frage, was wir aus den Rattenexperimenten von Bill Greenough lernen. Legen die uns nahe, dass wir zweijährige Kinder vor den Fernseher setzen, damit sie sich wissenschaftliche Animationsvideos anschauen?

Persönlich würde ich aus diesen Experimenten ganz andere Schlussfolgerungen ziehen. Nach Greenough verstärkt Bewegung die Blutzufuhr zum Hirn und macht es leistungsfähiger. Also liegt es nahe, *Brainy Baby's Left Brain* umgehend abzuschalten. Schicken Sie Ihr Kind zum Spielen in den Garten, vor allem wenn es dort Schaukeln, Sandkästen und Klettergeräte gibt. Sorgen Sie außerdem dafür, dass genug Spielkameraden da sind. Am besten gehen Sie noch selbst mit. Das ist die beste Förderung für das Kind, und dieser Sachverhalt ist im Gegensatz zu »Babytuning« und »Hothousing« auch wissenschaftlich bewiesen. Schon das Experiment von Greenough legt ja nahe, wie wichtig die Spielkameraden sind.

Ein anderes Experiment von Andrew Meltzoff zeigt außerdem, dass Kinder fast ausschließlich von Menschen lernen, und nicht von Robotern oder computeranimierten Kängurus, die die Lehrvideos bevölkern.[19]

Meltzoff ließ Erwachsene in Anwesenheit kleiner Kinder eine Kappe von einem Stift abziehen. Unmittelbar danach begannen die Kinder, dasselbe zu versuchen. Dabei imitierten sie nicht haargenau die Bewegungen der Erwachsenen, wohl aber deren Zielsetzung. Jetzt ließ Meltzoff eine Art Roboter die Kappe vom Stift ziehen. Auf dessen Versuche reagierten die Kinder überhaupt nicht! Sie wollten demnach einen Menschen als Lehrer, und keine Maschine oder eine wie auch immer geartete Comicfigur.

Man wundert sich also nicht, dass es schon Gelehrte gibt, die eindringlich vor falsch verstandener frühkindlicher Förderung warnen. Nach der Meinung von Gerald Hüther vom Universitätsklinikum Göttingen besteht die Gefahr, dass viele der künstlich stimulierten Kinder in der Psychiatrie landen werden, da sie nicht altersgerecht behandelt würden. Schließlich sind Säuglinge und Kleinkinder vollkommen damit beschäftigt, eine hochkomplizierte Motorik zu entwickeln, sprechen zu lernen und sich als soziale Wesen in die menschliche Gemeinschaft einzugliedern. In dieser stürmischen Entwicklung die Kinder noch mit den Grundlagen der Mathematik und Physik zu konfrontieren, könnte der Tropfen sein, der das Fass zum Überlaufen bringt.

In diesem Zusammenhang kann man übrigens auch einmal ganz allgemein die Frage stellen, unter welchen Umständen wirkliche Genies wie Einstein, Newton, Mozart, Picasso, Leonardo da Vinci, Nietzsche oder Strawinsky aufwuchsen? Waren sie »getunt«? Wohl kaum. Man erinnere sich nur an den kleinen Einstein, einen eigenbrötlerischen Vierjährigen, der partout nicht sprechen wollte und seinen Eltern große Sorgen bereitete.

Wenn nun »Babytuning« und »Hothousing« als Stimulanzien der Intelligenz fragwürdig sind, gibt es denn wenigstens verwertbare Ergebnisse, die ohne Zweifel belegen, dass intelligente Menschen im Leben erfolgreicher sind? Andernfalls würde es ja keinen Sinn machen, die Intelligenz der Kinder mit allen Mitteln fördern zu wollen. Die Antwort auf diese Frage hängt zuerst einmal davon ab, was man unter Intelligenz und was man unter Erfolg versteht.

Grenzen wir Intelligenz auf das ein, was man mit einem Intelligenztest misst, und reduzieren wir Erfolg auf materiellen Wohlstand und ein respektables Maß gesellschaftlicher Anerkennung, lassen sich zumindest Tendenzen angeben. In einer umfassenden Studie aus den dreißiger Jahren wurde der Lebensweg von 1.400 hochintelligenten Kindern dokumentiert.[20] Viele erreichten überdurchschnittliche berufliche Positionen, jeder Zehnte schaffte es sogar in das amerikanische »Who's Who«. Das war die eine Seite. Auf der anderen verwirrte aber, dass nicht wenige der Hochbegabten weit hinter den Erwartungen zurückblieben und als Putzfrauen, Fliesenleger oder Busfahrer endeten. Weiterhin war auffällig, dass keines der vermeintlichen Genies wirklich berühmt wurde. Kaum einer erreichte überregionale Bedeutung oder wurde gar mit einem Nobel- oder Pulitzerpreis geehrt. Gleichzeitig erzählten später diverse Literaturpreisträger und andere erfolgreiche Menschen, dass sie von besagter Studie wegen mangelnder Intelligenz ausgeschlossen worden waren.

Zu einem ähnlich ernüchternden Ergebnis kommt eine weitere Untersuchung. Rena Subotnik befragte etwa zweihundert Abgänger der Hunter-College-Grundschule in New York, 25 Jahre nachdem sie diese Ausbildungsstätte verlassen hatten.[21] Die Hunter-College-Grundschule gilt als Eldorado der Eliteförderung. Die Schüler hatten einen durchschnittlichen IQ von 157! Einen dermaßen intelligenten Menschen kennt kaum einer von uns, sie sind sehr selten. Diese Kinder kamen aus bildungsbewussten und leistungsorientierten Elternhäusern, außerdem wurden sie von hochqualifizierten Lehrkräften unterrichtet. Kurzum, es fehlte ihnen an nichts. Wenn Erfolg planbar ist, dann hätte diese Kaderschmiede Traumergebnisse hervorbringen müssen. Doch die Resultate verbreiteten keine Jubelstimmung und glichen denen der obenerwähnten Terman-Studie. Zwar wurden über 80 % der Absolventen später Akademiker, und mehr als die Hälfte machte einen Doktor. Aber trotzdem – kein Einziger schaffte es, durch sein Wirken Gesellschaft, Kultur oder Wissenschaft nachhaltig zu beeinflussen.

Selbst den intellektuell Höchstbegabten scheinen also einige wichtige Eigenschaften zu fehlen, die die wirklich Großen der Geistesgeschichte besessen haben. Was sind das für Eigenschaften? Die Soziologin Harriet Zuckerman versuchte, das Erfolgsgeheimnis amerikanischer Nobelpreisträger zu ergründen. Lag es tatsächlich in deren phänomenaler Intelligenz, wie man zu glauben versucht ist? Nein. Als wesentlich stellte sich nach Zuckerman etwas ganz anderes heraus. Begeisterte, zielstrebige und durchaus intelligente, aber nicht überintelligente Studenten müssen von wirklich exzellenten Lehrern unterrichtet werden, um erfolgreich zu sein! Sind diese Lehrer zudem Nobelpreisträger, ist die Wahrscheinlichkeit groß, dass unter den Studenten wieder einer den Nobelpreis gewinnen wird.

Die einfache Formel »Hohe Intelligenz ergibt großen Erfolg« greift also zu kurz. Das wusste auch schon der Aphoristiker Einstein. Was ihn denn besonders auszeichne, wurde er einmal gefragt. Einstein antwortete nicht, dass er besonders klug sei. Er erwiderte trocken: »Stirn und Nase.« Stirn steht in diesem Zusammenhang für eine Unbeirrbarkeit, die mit ausgeprägtem Selbstvertrauen verbunden ist, und Nase für Intuition. Könnten somit Unbeirrbarkeit und Intuition zu den Eigenschaften gehören, die selbst intelligenteste Menschen brauchen, um wirklich Außergewöhnliches zu leisten?

Die Entwicklung der kindlichen Intelligenz, die Beziehung von Intelligenz und Lebenserfolg, das sind spannende und zugleich sehr komplexe Bereiche. Kinder werden nicht automatisch klug, wenn sie ein *Brainy-Baby*-Video schauen, und Menschen, die einen Intelligenztest mit Bravour meistern, werden nicht zwangsläufig in die Geschichtsbücher eingehen. Trotzdem nehmen viele Menschen die offensichtliche Komplexität solcher Fragestellungen nicht zur Kenntnis. Stattdessen bevorzugen sie simplifizierende Antworten, vor allen Dingen, wenn sie den Anschein von Wissenschaftlichkeit erwecken. Woran liegt das? Oder allgemeiner gefragt: Warum neigen wir dazu, sozusagen wider besseres Wissen, dort Ordnung zu suchen, wo keine zu finden ist?

Darüber lässt sich nur spekulieren. Aus der Wahrnehmungstheorie ist bekannt, dass wir in Zufallsverteilungen gerne Strukturen hineinlesen. Sternenhimmel, Wolkenflug, Nebelschwaden, der Mann im Mond oder

Tintenkleckse, überall erahnen wir Gestalten. Gibt es einen solchen Mechanismus auch auf der Ebene der Weltanschauungen? Einiges scheint dafürzusprechen. Offensichtlich haben wir eine tiefsitzende Angst vor allem, was wir nicht in ein wie auch immer geartetes Interpretationsschema einordnen können. Deshalb blenden wir unwillentlich das Nichtwissen aus unserer Wahrnehmung aus. Stattdessen versuchen wir, das Unverstandene in fragwürdigen Ursache-Wirkungszusammenhängen deutbar zu machen. Wenn Ihnen diese Annahme zu spekulativ ist, bedenken Sie, dass solche Formen intellektueller Täuschungen eine sehr lange Tradition haben. In fast allen Religionen und Kulten wird das Rätselhafte verstehbar, indem es als Ausdruck versteckt wirkender göttlicher Kräfte gesehen wird. Wenn es blitzt, schwingt der germanische Gott Thor seinen Schmiedehammer. Wenn die Sonne aufgeht, ist es Helios, der mit seinem Pferdegespann den Himmel quert. Und wenn Naturkatastrophen die Menschen heimsuchen, dann wirkt für viele Christen und Gläubige anderer Religionen ein Gott, der das lasterhafte Leben bestraft. Gleichzeitig glauben »eingeweihte« Personen durch das strenge Befolgen von Ritualen oder Liturgien das Schicksal beeinflussen zu können. Diese Illusion begann schon in der Steinzeit, als Schamanen im Tanz die Bewegungen der Tiere nachahmten, um auf diese Weise Macht über sie zu gewinnen. Einfluss wollten auch die Maya-Priester ausüben, die Menschen opferten, um die Götter gütig zu stimmen. Beim Ablasshandel des Christentums wiederum konnte man sich schon im irdischen Leben von seinen Sünden freikaufen, um nach dem Tod nicht im Höllenfeuer zu schmoren.

Offensichtlich ziehen wir also den Irrglauben, das Schicksal beeinflussen zu können, der ernüchternden Einsicht vor, in vielen Bereichen des Lebens nur Spielball des Zufalls zu sein. Diese psychologisch nachvollziehbare Sichtweise ist aber nicht auf Religionen und Kulte beschränkt. In ähnlicher Weise könnte man Wissenschaftler als die Seher unserer Zeit auffassen. In einer komplexen, unüberschaubaren Welt suggerieren auch sie, Strukturen und Mechanismen zu kennen, mit deren Hilfe sie fundierte Vorhersagen treffen können. Das wollen wir gerne glauben, erlaubt es uns doch den beruhigenden Glauben, die Zukunft planen und gestalten zu können. Dieser Glaube ist auf der einen Seite berechtigt. Noch nie gab es eine Weltanschauung, die so spektakuläre Vorhersagen ermöglichte wie die modernen Wissenschaften. Das fängt bei der korrekten Vorhersage von Sonnen- und Mondfinsternissen an, die früher die Domäne zwielichtiger Propheten am Hofe der Könige waren. Das betrifft auch Raumsonden, die punktgenau unser Sonnensystem durchfliegen, sogar die Wettervorhersagen stimmen von Zeit zu Zeit. Doch es existiert, wie beschrieben, auch eine Schattenseite der Wissenschaft. Hier muss der Respekt der Skepsis weichen.

Wisse, was zu wissen ist!
Warum wir die Stoiker nicht vergessen sollten

Wie wir gesehen haben gibt es zweifellos Bereiche des Lebens, in denen der Vernunftgebrauch gute Dienste leistet. In anderen aber, und das sind nicht wenige, ist es ausgesprochen unvernünftig, auf die Vernunft zu bauen, weil sie der Komplexität des Lebens nicht gerecht wird und uns eine Sicherheit vorgaukelt, die nicht vorhanden ist.

Wie sollen wir mit dieser Einsicht umgehen? Hier lohnt es sich, in die Vergangenheit zu schweifen und bei den alten Stoikern Rat zu suchen. Die Stoiker lebten vor etwa zweitausend Jahren, ihre »stoische Ruhe« ist noch heute sprichwörtlich. Leider ist kaum mehr bekannt, aus welchen Quellen sich diese »stoische Ruhe« nährte. Vergessen ist, dass gerade die späteren Stoiker wie Seneca oder Marc Aurel stark an der Wissenschaft ihrer Zeit interessiert waren, viel stärker als die heutigen Freunde der Weisheit an Ergebnissen der modernen Physik, Biologie und Kosmologie. Diesen Stoikern war ihr umfassendes Weltwissen allerdings kein Selbstzweck, sondern unverzichtbare Grundlage persönlicher, ganz alltäglicher Lebenskunst.[22] Ihnen ging es darum, sorgsam zwischen dem unterscheiden zu können, was man wissen kann, und dem, was sich dem Wissen entzieht. Warum ist diese Unterscheidung wichtig? Diese Unterscheidung ist für die stoische Lebenskunst von großer Bedeutung, da sie den Kreis der Probleme, über die man sich Gedanken machen sollte, erheblich eingrenzt. Die Stoiker vertraten die Auffassung, man solle sich nur um das sorgen, was man wissen und auf der Grundlage dieses Wissens auch beeinflussen kann. Nur in diesem Bereich ließe sich mit einiger Wahrscheinlichkeit abschätzen, ob bestimmte Handlungen etwas Erwünschtes herbeiführen oder etwas Unerwünschtes vermeiden helfen. Wie aber sieht es mit dem anderen Bereich aus, dem großen Feld des Nichtwissens? Nach der stoischen Lehre soll man dieses Feld nicht verdrängen oder gar verneinen, sondern seine Existenz einfach zur Kenntnis nehmen. Da man auf der Grundlage des Nichtwissens die Welt nicht gezielt steuern kann, muss man dieser Terra incognita mit Gelassenheit begegnen. Das Ungestaltbare gestalten zu wollen, ist ihrer Meinung nach nur Ausdruck mangelnder Lebenskunst.

Mit einer solchen Form der Lebensphilosophie würden viele unserer liebgewordenen Probleme von der Bildfläche verschwinden. Betrachten wir zur Verdeutlichung einen feinnervigen Menschen, der unter einer ins Neurotische gesteigerten Angst vor Krankheit und Tod leidet. Was würde ihm ein moderner Seneca raten? Vermutlich etwa das Folgende: Wenn Sie in heiterer Gemütsverfassung lange leben wollen, dann befolgen Sie die Ratschläge, von denen man *sicher* weiß, dass sie Ihnen helfen. Gemäß dieser stoischen Devise rauchen Sie nicht und trinken Alkohol nur in Maßen. Sie specken ein wenig ab, wenn Sie zu dick sind, ersetzen Butter durch Olivenöl und fettes Eisbein durch Fisch. Sie essen genügend vitaminreiches Obst und Gemüse. Von Zeit zu Zeit bewegen Sie sich an der frischen Luft, arbeiten nicht zu viel und nicht zu wenig. Sie bemühen sich um eine harmonische Beziehung, da Singles signifikant früher den Herztod sterben. Außerdem turnen Sie nicht achtlos auf hohen Leitern herum, da die meisten tödlichen Unfälle im Haushalt passieren. Um die Möglichkeit zu minimieren, bei einem Autounfall zu sterben, fahren Sie mit angemessener Geschwindigkeit. Wenn Sie diese wissenschaftlich geprüften Ratschläge beherzigen, vermeiden Sie viele Risiken, und Ihre Lebenserwartung steigt deutlich.

Unbewiesenen Spekulationen aber überlassen Sie den Leuten, denen das Züchten von Neurosen zum Selbstzweck geworden ist. Ob Handystrahlen Wucherungen des Hörnervs bedingen, impotent machen oder das chronische Müdigkeitssyndrom auslösen, konnte nie gemessen werden – also kümmern Sie sich nicht darum.

Eine solche Vorgehensweise klingt verlockend. Aber wie wird man ein moderner Stoiker? Dazu bedarf es eines Zweistufenplans: Zuerst befolge man das Diktum »Wisse, was zu wissen ist, und handle danach!«

Leider ist diese Aufforderung an uns selbst mit gehörigen Anstrengungen verbunden. Es geht ja nicht nur darum, sich kundig zu machen, was schwierig genug ist. Darüber hinaus muss auch entschieden werden, wo vernünftiges Nachdenken sinnvoll ist und wo nicht. Das Ergebnis dieser Arbeit ist so etwas wie eine geistige Landkarte, die heute allerdings viel mehr Ländereien umfasst als vor zweitausend Jahren bei den Stoikern. Auf dieser Landkarte sind die Gebiete verzeichnet, in denen das von der Vernunft geleitete Denken seine Berechtigung hat. Das sind eben solche Bereiche, bei denen man mit ziemlicher Sicherheit weiß, dass das, was man in der Gegenwart tut oder unterlässt, absehbare Konsequenzen für die Zukunft hat. Es ist nun ein Gebot der Sorgsamkeit, seinen Intellekt dort zu gebrauchen, wo es sinnvoll ist (Wuppertaler Opa). Gleichwohl ist es aber auch ein Gebot der Klugheit, nicht dort Ordnung zu suchen, wo keine zu finden ist (Berliner Opa). Sich in diesem unsicheren Terrain narkotisierenden Illusionen hinzugeben, auch wenn sie sich in mathematische Formeln oder wissenschaftlichen Jargon kleiden, ist psychologisch nachvollziehbar, aber trotzdem gefährlich.

Was bedeutet das Erstellen dieser speziellen mentalen Karte konkret für unsere Lebenspraxis? Es bedeutet, dass wir nicht nur bereit sein müssen, eine unüberschaubare Flut von Informationen zur Kenntnis zu nehmen. Wir müssen auch in der Lage sein, intellektuelle Werkzeuge zu schmieden, um diese Informationen bewerten und einordnen zu können. Das ist mühsam und anspruchsvoll zugleich. Verständlicherweise überlassen wir diese Aufgabe gerne den Journalisten, professionellen Mittlern zwischen den Welten. Da ihnen aber nicht in allen Fällen zu trauen ist – ein spektakulärer Aufmacher kann für die Auflage sinnvoller sein als die ernüchternde Wahrheit – bleibt uns nichts anderes übrig, als das Heft selbst in die Hand zu nehmen. Das ist der einzige Weg, der in einer von den Wissenschaften dominierten Zeit zu mündigen Menschen führt.

Doch die mit viel Schweiß erstellte geistige Landkarte, deren Grenzen sich auch noch laufend verschieben, ist leider nur der erste Schritt; eine notwendige, aber keine hinreichende Bedingung, wie die Mathematiker sagen. Um ein echter Stoiker zu werden, ist es nämlich in einem zweiten Schritt notwendig, intellektuelle Einsichten zum untrennbaren Bestandteil der eigenen Lebenspraxis zu machen! Die alten Denker etwa meditierten über die Unendlichkeit des Alls, um durch dieses Sinnieren die eigene eingebildete Bedeutsamkeit immer wieder zu relativieren und sich auf diese Weise als Mensch zu formen. Das ist ein schöner Ansatz! Man stelle sich nur vor, wie ein zeitgenössischer Philosoph über die Paradoxa der Urknallphilosophie nachdenkt, über den Widersinn, dass Alles aus dem Nichts kam, und auf diese Weise zu einem verträglichen Zeitgenossen wird. Im vollen Bewusstsein der eigenen Nichtigkeit begegnet er Kollegen, Studenten und seiner Sekretärin fortan mit zuvorkommender Höflichkeit. Das ist nicht ausgeschlossen, hat aber auch etwas Utopisches.

Unter dem Strich ist der moderne Stoiker wohl ein sehr fernes Ziel. Deshalb steht zu befürchten, dass wir uns noch eine ganze Weile dem Zeitgeist ergeben und nachbeten werden, was andere Menschen vorgeben bedacht zu haben.

3. Der rätselhafte Anfängergeist

Was wir von Kindern über das Lernen lernen können

Wissen Sie noch, was der weiße Gürtel im Judo bedeutet? Richtig, der weiße Gürtel ist das Zeichen des Anfängers. Jeder möchte ihn schnellstmöglich ablegen und höhere Ränge erobern. Das Zeichen der Meisterschaft aber – gerade für Jugendliche mit einer Aura des Unbesiegbaren umgeben – ist der schwarze Gürtel. Aber halt! Es gibt ja nicht nur die Meister, sondern auch noch die Großmeister. Von ihnen wissen die meisten nichts – sie tragen gemeinhin einen roten. Und dann existiert da noch ein weiterer Gürtel, der von eingeweihten Kampfkünstlern als Zeichen der Vollendung angesehen wird. Dieser Gürtel hat die Farbe ... weiß! Wie ist es zu verstehen, dass der Gürtel des blutigen Anfängers und der des vollendeten Meisters in dieser fernöstlichen Kampfkunst die gleiche Farbe hat?

Kennen Sie die Geschichte vom Professor und dem Zen-Meister? Hier finden wir einen ersten Hinweis.

Ein japanischer Professor besucht einen alten Mönch in der Abgeschiedenheit der Berge, um sich in dessen Philosophie einweisen zu lassen. Der Meister sitzt meditierend in einer ärmlichen Holzhütte, auf dem Feuer simmert ein rußiger Kessel mit Wasser. Der Gelehrte tritt ein und räuspert sich. Keine Reaktion. Jetzt äußert er ungefragt sein Anliegen. Der Alte ignoriert ihn weiterhin. Der Professor wird unruhig und scharrt mit den Füßen. Da öffnet der Weise endlich seine Augen: »Möchten Sie eine Tasse Tee?«, fragt er. Der andere bejaht freudig. Der Mönch gibt ihm die Tasse und schenkt ein. Plötzlich schreit der Gelehrte laut auf. Die Tasse ist randvoll, das heiße Wasser läuft über und verbrüht ihm die Hand. Das Trinkgefäß fällt zu Boden und zerbricht.

»Sie sind wie diese Tasse«, sagt der Mönch. »So übervoll mit Wissen. Das aber, was nicht leer ist, kann man nicht füllen. Ich bitte Sie nun zu gehen. Wir haben für diesen Tag genug besprochen. Besuchen Sie mich nur wieder, wenn Sie zum Lernen bereit sind. Sonst bleiben Sie bitte zuhause! Wir würden nur gemeinsam unsere Zeit vergeuden.«

Der weiße Gürtel der Lebenskunst
Üben ist wichtiger als können

Einen westlichen Intellektuellen muss eine solche Geschichte verwirren. Es ist doch gerade das angesammelte Wissen, auf welches man sich in unserer Kultur etwas einbildet. Bekannte Geistesgrößen lassen sich gerne vor ausladenden Bücherwänden ablichten, meist auch noch in rodinscher Denkerpose, als seien die Regalmeter gelesenen Papiers Garant für tiefschürfende Gedanken. Es gibt sogar Akademiker, die damit kokettieren, dass sie die Wohnung wechseln mussten, da Böden und Wände der Last der Enzyklopädien nicht mehr gewachsen waren. Wie soll man da verstehen, dass Wissen hinderlich ist?

Lesen wir die Geschichte noch einmal, dann merken wir, dass es nicht nur um das Wissen als solches geht. Es geht vorrangig um eine bestimmte Einstellung zum Lernen, bei der Wissen, glaubt man dem alten Meister, hinderlich ist. Verschiedentlich wird diese Einstellung als Anfängergeist bezeichnet. Vollendeten Anfängergeist besitzen nur Kinder und Erleuchtete. Diese besondere Einstellung zum Lernen ist für Buddhisten der weiße Gürtel der Lebenskunst.

Anfängergeist, höre ich Sie als Leser fragen, was soll das bitte bedeuten? Bei uns möchte doch jeder ein Könner sein oder wenigstens für einen solchen gehalten werden. Das Stadium des Anfängers scheint uns wenig erstrebenswert, denn Lob und Lorbeer gibt es in unserer Gesellschaft nur für Experten und Spezialisten, nicht aber für den laienhaften Stümper.

Als ich einmal mit Freunden am Gardasee ein paar unbeholfene Versuche machte, das Windsurfen zu lernen, drehte sich eine barbusige Schöne auf ihrem Badetuch von uns weg und sagte angeekelt: »Wenn ich euch üben sehe, wird mir schlecht!« Vor diesem Hintergrund muss also die Frage erlaubt sein: Was ist am Anfängergeist so reizvoll? Und warum soll sich ein Meister beim Lernen verhalten wie ein Kind? Ist die Einstellung, die wir bei lernenden Kindern beobachten, denn mehr als ein spielerisch-unbeholfenes Geplänkel, das erst später durch ausgefeilte Lernstrategien ersetzt wird? Ja. Tatsächlich ist der Anfängergeist ein rätselhaftes, ein abgründiges Thema. Ohne vorgreifen zu wollen, kann man sagen, dass nur diejenigen, die in ihrem Tun ewig Anfänger bleiben, später auch zu Könnern werden. Wie ist das zu verstehen?

Um uns der Antwort auf diese Frage zu nähern, müssen wir uns mit dem Üben beschäftigen, das mit Lernen und Können in enger Verbindung steht. Für einen japanischen Bogenschützen, einen Schwerkämpfer, eine Meisterin des Blumensteckens oder der Teezeremonie, einen Kalligraphen, der fünfzig Jahre versucht, einen vollendeten Tuschekreis in einem Schwung zu malen, ist das Üben Voraussetzung und gleichzeitig Ausdruck einer sich entwickelnden Lebenskunst. Nicht das Ziel, also das Beherrschen einer Sache, sondern die Art und Weise, wie man sich dem Ziel nähert, steht im Zentrum der Aufmerksamkeit. Hintergrund dieser Einstellung ist die Erkenntnis, dass der Vollendung einer jeden Tätigkeit immer die eigene Persönlichkeit im Wege steht. Deshalb muss man, um einen perfekten Tuschekreis in einem Schwung zu malen, sein Wesen im Laufe der Jahrzehnte so verändern, dass diese Bewegung möglich wird. Die Vollendung einer scheinbar einfachen Bewegung setzt deshalb die Vollendung des eigenen Charakters voraus. Diese Auffassung, dass durch das Üben einer *Tätigkeit* Geist und Wesen verändert werden, steht in radikalem Widerspruch zu einer bei uns in Philosophie und Psychologie verbreiteten Geisteshaltung.[23] Denker und Denkerinnen unseres eigenen Kulturkreises halten Tatmenschen für Mitglieder einer Gattung, die hilflos an der Oberfläche der Erscheinungen kratzen – im Gegensatz zu den Geistesmenschen, den Theoretikern, die in der Kontemplation die innersten Geheimnisse des Seins erschauen. Obwohl es Ausnahmen wie Montaigne und Nietzsche gibt, ist das anschauend mit sich selbst beschäftigte Denken, das Denken des Denkens, eine im Westen seit über zweitausend Jahren geadelte Strategie.

Diese Wertschätzung ist nicht selbstverständlich. Für viele Asiaten ist dieser Ansatzpunkt, um es vorsichtig auszudrücken, fragwürdig. Ein Philosoph wie der Chinese Seng Tsan kommentiert deshalb auch augenzwinkernd: »Wenn du mit Deinem Geist an Deinem Geist arbeitest, wie kannst du da eine ungeheure Verwirrung vermeiden?«

Folgerichtig wird etwa im Zen-Buddhismus der Prozess des Übens, welcher der eigenen persönlichen Wandlung zugrunde liegt, als spannend und herausfordernd empfunden. Im Gegensatz dazu ist das Üben bei uns häufig ein notwendiges Übel. Man muss sich zwingen, um ein Ziel zu erreichen. Das Ziel ist das Ziel, und nicht der Weg dorthin.

Deshalb erfordert in unserer Kultur das Üben eine besondere Form der Disziplin. In langweiliger Wiederholung soll man immer wieder dasselbe machen. Spricht man mit etwas älteren Kindern über das Üben, dann fällt ihnen folgerichtig auch nicht ihr eigenes Spiel ein. Eher nennen sie die leidvollen Musikstunden oder das stumpfsinnige Pauken von Vokabeln.[24]

Wie es aussieht, ist gerade unser Instrumentalunterricht noch immer ein schmerzhafter Initiationsritus. In diesem sollen die für primitiv angesehenen kindlichen Spiele durch geachtete Lernmethoden ersetzt werden – ein Übergang aus der naiven, unstrukturierten Welt der Heranwachsenden in die intellektuell organisierten Sphären des Erwachsenseins. Ist das richtig? Da ich selbst zweimal in meinem Leben ein Instrument auf sehr unterschiedliche Weise erlernte, möchte ich diese Erfahrungen als Beispiel nehmen, um ein Licht auf die Beziehung von Übung und Anfängergeist zu werfen.

Tarantella und Tonleitern – Tonleitern und Tarantella
Von der Kunst, einem Kind das Musizieren abzugewöhnen

Ich war gerade sieben Jahre alt, als sich auch für mich die Frage stellte, ob ich ein Instrument lernen sollte. Mein Traum war es, Gitarre zu spielen. Ich sang gerne. Doch die Finger meiner kindlichen Hand erschienen Musiklehrer G. zu kurz. Es fehle die sensible Feinnervigkeit, die man von einem Pianisten oder Gitarristen erwartet, ließ er meine Eltern wissen. Da ich mich nun schon mit der Idee beschäftige, Musik zu machen, riet er ihnen, wenigstens aus meinem kräftigen Brustkorb einen Profit zu schlagen: »Ihr Sohn muss blasen!«

Dieser Satz markierte den Beginn einer sechs Jahre währenden Leidensgeschichte. Ich durfte wählen zwischen Waldhorn, Posaune, Trompete, Tuba und Klarinette. Ich war unentschlossen. Da sich mein bester Freund für die Klarinette entschied, tat ich es eben auch. Meine erste Stunde hatte ich bei Herrn A., einem in die Jahre gekommenen Orchestermusiker. Es war ein brütend heißer Sommertag. Mit der Klarinette unter dem Arm stand ich vor der Haustür eines heruntergekommenen Altbaus in der Wuppertaler Südstadt. Ich klingelte. Eine verhuschte Dame öffnete. Die Wohnung, die ich schüchtern betrat, war hinter verschlossenen Läden so düster, dass der auf seinem Sofa kauernde Herr A. nur in Umrissen zu erkennen war. Es roch nach Verfall. »Bring dem Jungen einen Keks«, sagte er mit brüchiger Stimme. Während seine Gattin in der Küche verschwand, baute der Alte mit gichtigen Fingern meine Klarinette zusammen und drückte sie mir in die Hand. Ich würgte den staubigen Keks herunter und sammelte Spucke, um das Klarinettenblatt zu befeuchten. Nachdem es montiert war, blies ich. »Du hast einen kräftigen Brustkasten«, sagte auch er. Kaum waren die ersten Töne verklungen, kamen auch schon die ersten Tonleitern. Nach den Tonleitern kamen die unvermeidlichen Tarantellastücke. Immer wieder Tonleitern und Tarantellastücke, Tarantellastücke und Tonleitern in des Musikers muffigem Schattenreich. Beim Üben zuhause dann der verzweifelte Versuch, den Tonleitern und Tarantellas irgendetwas abzugewinnen. Vergeblich. Ich scheiterte und vergrub die Klarinette in einem Winkel meines Zimmers, wo sie seither schlummert und darauf wartet, noch einmal ans Licht geholt zu werden. Fünfzehn Jahre brauchte ich, um einen neuen Anlauf zu nehmen. Trotzdem bin ich den Herren G. und A. dankbar. Sie ebneten den Weg in eine unbekannte Richtung. Das Holzblasinstrument machte mich nämlich in der Schule, zumindest im Rahmen der Musik, zum Außenseiter. Während sich die Klassenkameraden mit 12 Jahren zu Rockbands formierten, in denen man Schlagzeug, Gitarre und Keyboard spielte, war ich schon durch die Wahl des Instruments ausgeschlossen. Die damals aktuellen Stücke von Deep Purple oder Pink Floyd waren weder für eine Klarinette instrumentiert noch hatten sie die musikalische Struktur einer sizilianischen Tanzweise. Auch mit einer fehlerfrei gespielten Tonleiter konnte ich bei meinen Freunden nicht punkten und bei den Mädchen erst recht nicht. Um trotzdem Anschluss an das aufregende Bandleben zu halten, versuchte ich mich eine Zeitlang als Fotograf dieser Gruppen, bis ich auch diese Tätigkeit beendete. So kam es, dass ich in der Isolation einen ganz eigenen Musikgeschmack entwickelte. Während sich die Kameraden von Heavy-Metal-Musik ausgehend in Richtung eines ambitionierten Jazz Rock bewegten, entdeckte ich die Trommeln. Ich war begeistert von afrikanischer und südamerikanischer Musik, die zudem den Vorteil hatte, tanzbar zu sein. So kreierte ich gewagte Hüftschwünge, die nachts in einem Club mit dem Namen *Banane* perfektioniert wurden. Die *Banane* lag leider im Wuppertaler Rotlichtviertel, was meinen Großvater mit Sorge erfüllte, da sich dort nur »lichtscheues und halbseidenes Gesindel« herumtrieb. Als dann tatsächlich ein Mafioso unmittelbar vor dem Club bei einer Schießerei sein Leben verlor, kam die *Banane* auf den Index. Anstatt nächstens nach Lust und Laune die Glieder zu schütteln, begann ich jetzt, richtigen Tanzunterricht zu nehmen. Damit wendete sich das Blatt. Meine Klassenkameraden wurden zu theorielastig und verhedderten sich als Siebzehnjährige in immer abstrakteren musikalischen Konzepten, die sie auch auf Partys angeregt diskutierten. Ich tanzte mit den Mädchen, die keine Lust verspürten, Gitarrensoli von Al di Meola zu analysieren.

Trotz der Liebe zum Tanzen dauerte es noch einmal zehn Jahre, bis ich mich traute, erneut das Erlernen eines Instruments in Angriff zu nehmen. Doch diesmal kam es anders. Ich hatte das Glück, brasilianisches Trommeln bei einem Meister seines Fachs zu lernen. Sein Name ist Dudu Tucci. Er ist einer der besten Congaspieler der Welt. Insgesamt sechs Jahre nahm ich wochenweise bei ihm Unterricht, immer in einem Tagungshaus im verregneten Hunsrück. Die Ausbildung bei Dudu wird in der Fachpresse als »Trommelkloster« bezeichnet, da man sich strengen Exerzitien unterziehen muss. Man trommelt jeden Tag zwischen zehn und zwölf Stunden, manchmal auch mehr.

Der Morgen begann immer mit zwei bis drei Stunden Congaspiel. Anschließend zog sich der Meister auf sein Zimmer zurück. Wir hatten die Gelegenheit, das Gelernte selbständig zu vertiefen. Wie es der Zufall wollte, lag mein Zimmer, in dem ich den Stoff wiederholte, Dudus direkt gegenüber. Aus diesem Grund hatte ich die Möglichkeit zu hören, was der Meister tat, wenn er selbst übte. Welch eine Überraschung! Das war überhaupt nicht das, was ich bis zu diesem Zeitpunkt mit dem Thema Üben in Verbindung gebracht hatte. Das war kein monotones Repitieren irgendwelcher Rhythmen oder Melodien. Im Gegenteil, da spielte ein erwachsenes Kind nach Lust und Laune und blieb eben deshalb immer bei Laune!

Dudu nahm mal das eine, mal das andere Instrument zur Hand, spielte, bis er keine Lust mehr hatte, machte ein Nickerchen oder hörte eine CD. Dann begann er von neuem, ein Prozess, der mir sehr intuitiv vorkam. Obwohl er viel Zeit mit dem Trommeln verbrachte, hatte seine Herangehensweise mit einem rigiden Übungsplan wenig bis gar nichts zu tun. Trotzdem konnte ich spüren, dass es ein Ziel gab. Dieses wurde aber nicht mit der Stechuhr in der Hand verfolgt. Eher glich sein am Spiel orientiertes Spiel dem Lauf des Wassers. Auf dem Weg von der Quelle ins Tal stürzt dieses auch nur in seltenen Fällen geradlinig in die Tiefe. Häufiger mäandert es. Mal fließt es zügig, mal plätschert es dahin, mal bildet es beschauliche Tümpel und lädt den Himmel ein, sich in ihm zu spiegeln. Das Wasser verzweigt sich, um sich schließlich doch wieder zu vereinigen. Aber wie es auch läuft, es gelangt von oben nach unten.

Was die Landschaft für den Lauf des Wassers ist, scheint das Unterbewusste für das Handeln zu sein. Von seiner Intuition geleitet, wiederholte Dudu die Dinge, die ihm wichtig waren. Er tat dies allerdings nicht stumpfsinnig, sondern verschob immer wieder die Perspektive, um das Gleiche aus einem anderen Blickwinkel zu betrachten. Überkam ihn eine neue Idee, so ging er ihr nach, um schließlich wieder zum Ausgangspunkt zurückzukommen.

Kann man also auch spielerisch ein Meister werden? Was unterschied den neuen Lehrer vom alten? Der eine, diszipliniert bis in die Fingerspitzen, war über das Operettenorchester einer mittelgroßen Stadt nicht hinausgekommen. Der andere konzertiert in der ganzen Welt.

Der Unterschied liegt in der Einstellung zum Üben. Während sich Herr A. dem Klarinettenspiel mit stumpfem Drill näherte, ist Dudu Tucci von seiner Kunst und damit auch vom Üben selbst begeistert. Bleiben wir eine Sekunde bei dem Wort »begeistert«, es gibt uns einen Anhaltspunkt. Hört man dieses Wort, dann verbindet man es im Normalfall mit großer Freude. Es hat aber auch noch eine andere Bedeutung. Die Vorsilbe »be« deutet im Deutschen oft darauf hin, dass eine Sache oder Tätigkeit mit etwas versehen wird. Im Falle von »begeistert« wird also etwas, in diesem Fall das Üben und Spielen eines Instruments, mit Geist versehen. Geist bedeutet in diesem Zusammenhang aber vor allen Dingen Aufmerksamkeit! Diese innere Aufmerksamkeit ist ein wichtiger Schlüssel zum Anfängergeist. Sie geht nämlich Hand in Hand mit der Neugier, der Lust, Veränderung zu erleben. Es macht einen großen Unterschied, ob man eine Tätigkeit diszipliniert, aber monoton tausendmal wiederholt oder ob man in der Lage ist, in der permanenten Wiederholung die Veränderung zu fühlen.

Die ewige Wiederkehr des Gleichen
Der Trick, seinen Kopf aus der Schlinge zu ziehen

Es ist eine Kunst, im Gleichen immer etwas anderes wahrzunehmen. Das können wir von den Kindern lernen, solange sie noch klein sind. Ein Beispiel: Als Naima schon etwas besser sprechen konnte, schenkten wir ihr einen Kassettenrekorder. Dazu gab es eine Handvoll Benjamin-Blümchen-Kassetten. Sie hörte diese nicht der Reihe nach durch, so wie man es von einem Erwachsenen erwarten würde. Sie beschäftigte sich nur mit einer einzigen Kassette, und zwar wochenlang – *Benjamin Blümchen als Pilot*. Diese Geschichte hörte sie morgens, mittags und abends, wohl mehrere hundert Male. Ist das nicht öde? Natürlich nicht, da sie der anfänglich völlig unverständlichen Geschichte immer mehr Sinn abtrotzte; das erfüllte sie mit Zufriedenheit und Stolz. Nur für einen Außenstehenden hörte Naima immer dasselbe. Sie selbst erfreute sich an einer Geschichte, die sich ständig veränderte.

Was bedeutet das in unserem Zusammenhang? Menschen, die sich diese Facette des Anfängergeists erhalten haben, tun in der Wiederholung des Gleichen immer etwas anderes und damit etwas Neues.

Dieser scheinbare Widerspruch löst sich auf, wenn wir den Fokus auf die angesprochene innere Aufmerksamkeit richten. Diese führt zu einer Verschiedenheit von Fremd- und Eigenwahrnehmung. Nur von außen sieht man eine ermüdende Routine, aus der Innenschau aber macht man beständig etwas Neues, da man beim Üben nicht derselbe

Mensch bleibt. Somit ist es die sich laufend verändernde Beziehung zwischen einer statisch erscheinenden Routine und einem dynamischen inneren Wachstum, welche die Neugier und damit die Motivation nährt.

Was das spielende Kind intuitiv weiß, genießt und erst später bis auf wenige Ausnahmen verlernt, ist deshalb das Geheimnis derer, die sich auf dem Weg zur Könnerschaft befinden. Auch in der Monotonie der Wiederholung entdecken sie immer wieder den Neubeginn, die Freude des ersten Mals. Wer auf diese Weise übt, der erreicht das Ziel schon, bevor er das Ziel erreicht.

Tatsächlich haben Psychologen, welche die Biografien von Genies wie Mozart und Einstein untersuchten, festgestellt, dass diese sich auch im Erwachsenenalter eine kindliche Begeisterungsfähigkeit für ihre Tätigkeit erhalten hatten. Der Psychologe Ashleigh Montagu bezeichnet das als Neotenie (abgeleitet von »neugeboren«). In diesem Zusammenhang ist auch die Fama vom »Wunderkind« überholt. Weder Albert Einstein noch Wolfgang Amadeus Mozart wurden einfach von der Muse geküsst. Neben ihrem zweifellos vorhandenen Talent haben sie ein schier unglaubliches Arbeitspensum absolviert.[25] Von der Neugier, der Lust am Staunen getrieben, konnten sie viel länger bei der Sache bleiben als ein Normalsterblicher.

Fassen wir zusammen: Der Anfängergeist ist Voraussetzung dafür, Altbekanntes in immer neuem Licht zu sehen. Diese Einstellung ermöglicht es, einen jahrzehntelangen Marathon zur Meisterschaft zu beschreiten, da sie Wiederholung leichter macht. Hinzu kommt die spielerische Veränderung des Standpunktes: das Gleiche bei Bedarf immer etwas anders zu tun, den Kern zu umkreisen und aus verschiedenen Perspektiven anzuschauen. Auch das sorgt dafür, dass die Dinge interessant bleiben, so wie es uns Dudu Tucci beim Üben vormacht und wie es uns alle Kinder zeigen, die sich spielerisch, aber trotzdem beharrlich mit einer Sache beschäftigen. Wem es gelingt, diese Einstellung über die Kindheit hinweg zu kultivieren, der ist für das Lernen und damit in letzter Konsequenz auch für das Können prädestiniert.

Die Zehntausendstundenregel
Ohne Schweiß kein Preis

Bis zu dieser Stelle haben wir stillschweigend vorausgesetzt, dass es eine Beziehung von Wiederholung und Können gibt. Stimmt das alte Sprichwort »Ohne Fleiß kein Preis«? Die Antwort ist ein klares »Ja«. Ohne Wiederholung gibt es keine Meisterschaft! Zu diesem Thema existiert nämlich ein grundlegendes Forschungsergebnis – die Zehntausendstundenregel.[26] Die Zehntausendstundenregel ist ein Anker in sumpfigem Boden. Tatsächlich weiß man vergleichsweise wenig über die Geheimnisse des motorischen Lernens. Um ein scheinbar simples Beispiel zu nennen: Erst seit kurzer Zeit ist bekannt, was anatomisch passiert, wenn man einen Finger krümmt, und bis heute ist rätselhaft, wie man am besten übt, mit einem solchen möglichst schnell auf einer Tischplatte zu trommeln.[27] Das erstaunt. Milliarden Menschen musizieren. Solche oder ähnliche Bewegungen spielen dabei eine wichtige Rolle. Denken Sie an einen Pianisten, dessen Hände über die Tastatur fliegen, einen tirilierenden Klarinettisten oder die wirbelnden Finger eines indischen Tablaspielers. Wie aber lernt man am besten, mit einem Finger so schnell wie möglich zu trommeln? Übt man eine Bewegung tausendmal langsam und anschließend tausendmal schneller? Oder bewegt man die Finger gleich so schnell wie möglich, bis die Muskulatur verkrampft, wartet, bis sie sich erholt hat, und wiederholt die Übung? Niemand kann auf diese Frage eine wissenschaftlich fundierte Antwort geben. Natürlich gibt es Instrumentalgurus, die eine bestimmte Form der Lehre predigen. Deren Überzeugungen stützen sich aber selten auf systematische Untersuchungen, sondern eher auf persönliche Meinungen. Im Gegensatz dazu ist die Zehntausendstundenregel gut überprüft. Egal was man tut, als Lernender benötigt man etwa 10.000 Stunden, um zur Könnerschaft zu gelangen. Das gilt für völlig unterschiedliche Tätigkeiten. Ob alte Frauen auf Kuba Zigarren drehen oder junge Orchestermusiker die Tuba blasen, 10.000 Stunden sind das Maß der Dinge. Wie viele Tage der Übung sind das? Gesetzt den Fall, Sie üben tagaus tagein etwa drei Stunden, dann sind Sie gute zehn Jahre beschäftigt. Das passt zu Einsteins Stoßseufzer: »Zehn Jahre, um passabel Geige spielen zu lernen, wie armselig ist doch der Mensch.«

Vicious versus Virtuous Circle
Die zwei Seiten einer Medaille

Akzeptieren wir die Zehntausendstundenregel, dann müssen wir zugeben, wie eng die Einstellung zum Üben mit dem späteren Können in Beziehung steht. Damit fällt schon ein klareres Licht auf die Geschichte von der Teetasse. Doch jetzt wollen wir einen Sprung machen. Wir begeben uns von der Meditationsstätte des alten Weisen in die modernen wissenschaftlichen Laboratorien. Denn es gibt für unsere Einsichten auch wissenschaftliche Evidenz. Grob gesprochen kann man beim Lernen nämlich zwischen zwei Wegen unterscheiden. Den einen leben uns die Kinder vor, den anderen die meisten Erwachsenen. Der erste führt zur Virtuosität, bei dem anderen besteht die Gefahr, in einen Teufelskreis zu geraten. Was bedeutet das?

Beim ersten Weg interessiert man sich für die Tätigkeit als solche. Hier geht es um Unmittelbarkeit. Beim zweiten Weg aber steht nicht die Tätigkeit selbst im Zentrum des Interesses. Sie ist lediglich ein Mittel zum Zweck, ein Werkzeug, um etwas anderes zu erlangen. Das kann die Gunst der Eltern sein, der Applaus der Mitschüler, materieller Wohlstand oder eine Sucht, sein Gesicht im Fernsehen oder auf dem Titelblatt einer Zeitung sehen zu müssen.[28] Das ist ein mittelbarer Weg.

Wie ist es nun zu verstehen, dass der erste Weg zur Virtuosität führt? Da bei diesem der Prozess des Lernens im Vordergrund steht, ist das Üben selbst interessant. Der Übende nimmt wahr, wie er sich in der stetigen Wiederholung verändert. Durch diese Form der Selbstbeobachtung bleibt der Übende neugierig auf sich selbst. Die Neugier aber, für die man eigentlich einen anderen, positiveren Namen erfinden müsste wie etwa »Neulust«, hat den Charakter einer endogenen Droge, die den Lernprozess unterstützt. Das wird klar, wenn man zuerst die Rolle der Aufmerksamkeit für die Gedächtnisbildung unter die Lupe nimmt. Es gibt nämlich einen Aspekt, den wir bei der Erörterung der Zehntausendstundenregel bisher übergangen haben: Es macht einen großen Unterschied, in welcher geistigen Verfassung die Wiederholungen getätigt werden. Wird eine Sache mit Aufmerksamkeit betrieben, behält man sie besser, wie Experimente ergaben.[29] Ein Mensch der neugierig ist, wenn er etwas tut, ist automatisch auch aufmerksam. Doch die Neugier hat noch eine andere Wirkung. Diese verdankt sich dem Molekül Dopamin, einem Übertragungsstoff im menschlichen Gehirn, der sehr vielfältige Funktionen ausübt. So kann Dopamin in bestimmten Bereichen des Gehirns wie ein Rauschmittel wirken.[30] Interessanterweise wird Dopamin gerade dann ausgeschüttet, wenn unser Gehirn mit neuen, ihm unbekannten Reizen konfrontiert wird. Das euphorische Gefühl, das sich dann einstellt, nährt im nächsten Schritt die Motivation, wiederum Neues zu suchen. Damit haben wir den Schlüssel in der Hand: Menschen, für die das Ausführen der Tätigkeit selbst das Ziel ist, betreiben diese mit der nötigen Aufmerksamkeit. Das hat zur Folge, dass sie das, was sie tun, besser behalten. Gleichzeitig führt diese Aufmerksamkeit aber auch dazu, sich selbst in der Veränderung wahrzunehmen, was der

Neugier und damit der Motivation neue Nahrung gibt. Damit stehen die Chancen gut, den Marathon zur Meisterschaft zu bewältigen und auf diese Weise zum Virtuosen zu werden. Da es sich hier um einen sich selbst verstärkenden Kreisprozess handelt, kann man auch von einem »Virtuous Circle« sprechen.

Im Gegensatz dazu steht der Teufelskreis – der »Vicious Circle«. Betreibt man eine Sache nur, um mit ihrer Hilfe ein Ziel zu erreichen, dann ist die Beschäftigung mit dieser Sache ein notwendiges Übel, das in Kauf genommen werden muss. Hierzu braucht man Disziplin. Die achtlose Ausführung von Übungsroutinen hat aber zur Folge, dass sich nicht so schnell die gewünschten Erfolge einstellen. Ohne die notwendige Aufmerksamkeit ist das Gedächtnis weniger leistungsfähig. Die Antwort ist oft, dass diszipliniert die Übezeit erhöht wird, zuweilen bis an den Rand der körperlichen Belastbarkeit. Wachsen zudem noch die Ansprüche, denen die Kunst als Mittel genügen soll, ist der Weg frei für eine zerstörerische Stressspirale. Stress tritt besonders dann auf, wenn Anspruch und Wirklichkeit auseinanderklaffen. Die dunkle Seite dieses Stresses ist aber nicht nur, dass man sich unwohl in seiner Haut fühlt. Stress kann auch zu Ängsten führen, und diese sind in der Lage, die Funktionsweise des Gehirns so zu beeinträchtigen, dass man Dinge immer schlechter behält.

Wenn nun die Ergebnisse des Lernens den eigenen Ansprüchen nicht genügen und Stress auslösen, gerät man in einen klassischen Teufelskreis. Die Angst, nicht zu können, was man will, führt dazu, dass man immer weniger das lernt, was man selbst glaubt können zu müssen. Das Ende dieser Spirale sind häufig Verletzungen und Krankheiten, ein Hilferuf aus dem Inneren, die eigenen Wertekoordinaten neu zu bestimmen: Körper und Seele streiken. Das ist ein Phänomen, welches gerade bei Berufsmusikern häufig zu finden ist, die klassische Musik spielen.[31] Die klassische Musik ist ein künstlerisches Feld, in dem eine drillartige Disziplin immer noch hochgehalten wird. So erkranken Musiker überproportional häufig, weshalb sich mittlerweile eine eigene Musikermedizin etabliert hat. In diesem Zusammenhang sind auch rätselhafte Phänomene wie die Musikerkrämpfe zu beobachten. Bei Künstlern, die von diesem Leiden befallen sind, verkrampfen die Hände in dem Augenblick, in dem sie zu musizieren beginnen, und lassen damit die Tätigkeit unmöglich werden. Verschiedentlich wird behauptet, diese Krämpfe hätten rein physiologische Ursachen. Es stimmt aber bedenklich, dass man diese Krankheit bei professionellen Rock- und Jazzmusikern fast gar nicht beobachtet, vermutlich weil ihnen ihr Sujet eher eine Herzensangelegenheit ist. Wie wichtig die Seele für das Funktionieren des Körpers ist, kann man aber auch an den klassischen Musikern selbst sehen. Nach einer persönlichen Mitteilung von Eckart Altenmüller, dem Direktor für Musikmedizin der Universität Hannover, werden die Musiker besonders häufig krank, wenn sie gezwungen werden, atonale Neue Musik zu spielen, die ihnen eigentlich zuwider ist.

Und es gibt noch einen weiteren Punkt, der in diesem Zusammenhang wichtig ist. Erlernt man eine Technik als

Mittel, um etwas anderes zu erhalten, z.B. Geld, Anerkennung oder Macht, dann stößt man auf ein Problem, für welches die Verhaltensbiologie eine hölzerne und umständliche Bezeichnung gefunden hat. Für diese Bedürfnisse gibt es keine »triebbefriedigende Handlung«.[32] Völlig unabhängig von der Frage, ob es etwa einen Machttrieb gibt, ist sofort klar, was damit gemeint ist. Das Bedürfnis nach Macht, Anerkennung oder Geld ist etwas anderes, als zu essen, wenn man Hunger hat, oder zu trinken, wenn man durstig ist. Bei gesunden Menschen schwindet das Bedürfnis mit der Befriedigung eines solchen Triebes. Bei Geld, Macht oder Anerkennung aber kann es nie genug sein. Diese haben eine ähnliche Funktion wie Salzwasser für den Dürstenden: Je mehr man davon trinkt, desto größer wird das Bedürfnis. Es ist klar, was das für eine Kunst bedeutet, die diesen Bedürfnissen als Mittel gerecht werden soll.

Bis zu dieser Stelle haben wir die beiden verschiedenen Wege, die man beschreiten kann, in scherenschnittartiger Deutlichkeit herauspräpariert. Das geschah aus Gründen der Anschaulichkeit. Im Normalfall sind natürlich dem Menschen, dem viel an seiner Kunst liegt, auch Anerkennung und Geld nicht unangenehm. Einem manisch von seiner Kunst Besessenen wie Vincent van Gogh wird es nicht gleichgültig gewesen sein, dass er zeitlebens kein Bild verkaufte, sieht man von dem einen ab, welches sein Bruder Theo incognito erwarb. Im umgekehrten Fall werden Menschen, die ihre Kunst betreiben, um reich und berühmt zu werden, diese auch sicher von Zeit zu

Zeit mit Freude ausüben. Es geht also unter dem Strich um Tendenzen, die den Menschen eher dem einen oder dem anderen Weg zuschlagen.

Vollendeter Schwung und schwarzer Tanzinstinkt
Gerüchte über angeborene Fertigkeiten

Bevor wir unsere Überlegungen zum rätselhaften Anfängergeist abschließen und uns mit der Frage beschäftigen, weshalb Kinder, die von Natur aus eine meisterliche Lernstrategie besitzen, diese in vielen Fällen verlieren, widmen wir uns noch kurz einer anderen »Philosophie«. Da diese gleichfalls mit kindlichem Lernen und Können zu tun hat, darf sie nicht unerwähnt bleiben.

Bis zu dieser Stelle wurde unterstellt, dass es auch heute noch viele Menschen gibt, die kindliches Lernen als naives Tun werten. Doch es existiert noch ein ganz anderer, völlig gegensätzlicher Standpunkt.

Ein nicht kleiner Kreis von Menschen vertritt mit Inbrunst die These, dass Kinder als kleine Meister auf die Welt kommen und ihre Exzellenz und Könnerschaft erst durch den zersetzenden Einfluss der Erwachsenenwelt verlieren. So wie Rosseau den »edlen Wilden« stilisierte, tragen diese Menschen das Motto »Sei wie ein Kind« auf ihrem Banner.

Vor nicht ganz zehn Jahren war ich Mitglied einer ambitionierten Tanzkompanie. Zum Training gehörten auch einige Stunden Feldenkraistechnik. Diese von dem

Israeli Moshe Feldenkrais entwickelte Technik soll dazu dienen, sich der eigenen eingeschliffenen Bewegungsmuster bewusst zu werden und sie bei Bedarf zu verbessern. Die Lehrerin war eine Dame, die sich in der gemessenen Art und Weise, wie sie ging und sprach, sowie durch die Wahl der Kleidung bemühte, eine Aura zu entwickeln. Man sah ihr an, dass sie viel Zeit ihres Lebens mit der Kunst verbracht hatte, in sich selbst hineinzuhorchen. Somit hatten wir eine klassische Lehrer-Schüler-Konstellation. Hier ein Quell der Weisheit, dort eine empfangsbereite Schülerschaft. Vielleicht ließ ich es ein wenig an Demut fehlen. Auf jeden Fall ging die Dame zum Angriff über. Ich sei völlig »übertonisiert«, ließ sie mich wissen. Für einen Tänzer hätte ich zu viele Muskeln. Sie fasste mir an den Arm und machte mit einem angewiderten Gesicht ein paar tastende Bewegungen. Dann belehrte sie mich, dass eine starke äußere Muskulatur die Quelle allen Übels sei, Sinnbild eines oberflächlich geführten Lebens. Ihre permanente Vorspannung führe zudem dazu, den natürlichen Bewegungsfluss, wie ihn Kinder in vollendeter Weise praktizieren, unmöglich zu machen. Ich solle üben, wie ein schlafendes Baby zu atmen, um zu relaxieren, und gleichzeitig »abmuskeln«, sonst gelinge es mir nie, sich wie sie mit einem »kindlich vollendeten Schwung« aus der Liegeposition auf die Füße zu erheben. Das »Abmuskeln« habe zudem den Vorteil, dass mein Körper in eine Balance kommt, da nach japanischer Lehre ein im Verhältnis zu Beinen und Becken kräftiger Oberkörper Ausdruck einer Verfassung sei, in welcher das Leben von etwas Dinghaftem unterdrückt wird. Das Höhere werde vom Niederen herabgezogen, teilte sie mir mit. Jetzt folgte die Demonstration des vollendeten Schwungs. Mit ernster Miene legte sie sich auf den Boden, und nachdem sie sich versichert hatte, dass ihr die gesammelte Aufmerksamkeit galt, schwang sie sich in die Horizontale, so wie es angeblich Kinder tun. Nun besaß ich zu dieser Zeit noch keine eigenen – es wäre sonst schwer gewesen, ein Lächeln zu unterdrücken. So tat ich beeindruckt, um den Frieden in der Kompanie nicht zu gefährden. Zumindest meine eigenen Kinder haben nämlich beim motorischen Lernen so ziemlich alle Fehler ausprobiert, die man machen kann, waren aber immer mit Freuden bereit, aus diesen zu lernen. Von einer »natürlichen Kinetik des Kindes« habe ich, sieht man einmal von Instinkthandlungen ab wie dem Saugen an der mütterlichen Brust oder der Augenfolgebewegung, nichts gesehen. Um nur ein Beispiel zu nennen: Als die erste Tochter zu kriechen begann, kam sie nicht auf die naheliegende Idee, sich zu diesem Zweck auf den Bauch zu legen. Zuerst lag sie hilflos wie ein Käfer auf dem Rücken, dann drückte sie sich entschlossen ins Hohlkreuz, sodass eigentlich nur noch ihr Hinterkopf und die beiden Fersen Kontakt mit dem Boden hatten. Jetzt begann sie, die Beine zu bewegen, und fräste mit dem Kopf voran durch das Zimmer, um sich endlich völlig hilflos unter einem Heizkörper zu verkeilen. Das war die denkbar schlechteste Methode, die Welt des Schlafzimmers zu erforschen. Aber wie gesagt, es war nur ein Durchgangsstadium, das sie schnell überwand.

Was ist von dem Gerücht, Kinder seien kleine Meister, zu halten?

Nach meiner persönlichen Meinung sind Kinder zwar meisterlich in der Art, wie sie lernen, aber selbstverständlich nicht in dem, was sie können, sonst bräuchten sie nämlich nicht mehr zu lernen. Es gibt von diesem Standpunkt aber eine wichtige Ausnahme, auf die wir im Zusammenhang mit dem *Marionettentheater*-Aufsatz von Heinrich von Kleist zu sprechen kommen werden. Kleine Kinder besitzen eine besondere Form der Anmut, und das hat damit zu tun, dass Wollen und Sein noch nicht voneinander geschieden sind. Doch davon später.

Neben der Fama von der »natürlichen Kinetik des Kindes« existiert ein weiteres unausrottbares Vorurteil: das der angeborenen Meisterschaft. Leider werde ich auch mit diesem in meinem Beruf öfters konfrontiert. Viele Menschen pflegen den unerschütterlichen Glauben, Kinder seien durch Rasse und Hautfarbe für bestimmte Tätigkeiten prädestiniert. Kinder schwarzer Eltern hätten das Trommeln und Tanzen im Blut, wird man belehrt, und ebenso das Laufen, Basketballspielen und Schwergewichtsboxen. Das seien Talente, die sich einfach so entfalteten, quasi ohne äußeres Zutun. Zu offensichtlich scheint schließlich die Dominanz der Schwarzen in all diesen Bereichen. Dass etwa kalkweiße britische Mittelstreckler über Jahre hinweg unschlagbar waren, dass marokkanische Wunderläufer wie Hicham el Guerrouj keine Schwarzafrikaner sind und der deutsche Sprinter Armin Hary handgestoppt auf Sand eine Zeit im 100-Meter-Lauf hinlegte, mit der er auch heute die meisten Wettbewerbe gewinnen würde, scheint völlig vergessen. Auch an Namen wie Paavo Nurmi und Emil »Lokomotive« Zatopek erinnern sich nur noch wenige. Würde man bei Vertretern dieser Geisteshaltung weiter nachhaken, bekäme man vermutlich zu hören, dass Schwarze auf der anderen Seite nicht Geige und Querflöte spielen können und auch mit der Lyrik Probleme haben, sieht man in Sinfonieorchestern doch fast ausschließlich Weiße und Asiaten; auch der Beitrag schwarzer Künstler an der in Europa und Amerika veröffentlichten Lyrik ist marginal.[33] Genauso kurios mutet die Einstellung weißer Basketballtrainer an, die vor ein paar Jahrzehnten der felsenfesten Überzeugung waren, dass Schwarze den intellektuellen Anforderungen des Spiels nicht gewachsen seien. Damals wurde Basketball fast ausschließlich von Weißen gespielt. Nachdem dann aber eine weiße Auswahlmannschaft von einer schwarzen geschlagen wurde, wendete sich das Blatt. Heute meint man, dass Weiße nicht springen können und auch sonst mit den Schwarzen in diesem Sport schwerlich mithalten können. Doch auch dieser Standpunkt ist schon wieder fragwürdig, da das amerikanische Dream-Team, das hauptsächlich aus Schwarzen besteht, in letzter Zeit immer häufiger bei Weltmeisterschaften und Olympischen Spielen gegen hellhäutige Mannschaften verliert, kommen diese nun aus Spanien, Argentinien oder Griechenland.

Natürlich ist nicht völlig auszuschließen, dass Menschen verschiedener Rassen für bestimmte Tätigkeiten einen kleinen Vorteil besitzen, da sie sich in ihrer Physiologie unterscheiden. So besitzen Schwarze mehr »schnellschaltende« Muskelfasern als Weiße, was wenigstens die

Dominanz im Sprint erklären würde, aber offen lässt, warum es so wenige schwarze Gewichtheber in der Weltklasse gibt. Letztlich entscheidend für die Leistung ist wohl ein anderer Punkt.

Als der dunkelhäutige Basketballstar Michael Jordan, der wahrscheinlich beste Ballsportler, der je auf unserem Planeten gelebt hat, von einem Reporter gefragt wurde, was das Geheimnis seiner Spielkunst sei, antwortete er: »Ich kann mehr Schmerzen aushalten als andere!« Auf diese Antwort war der Journalist nicht vorbereitet. Er hakte verstört nach, ob seine Spielkunst denn nicht seinen natürlichen Anlagen, seinem außergewöhnlichen Talent zu verdanken sei, das wiederum als Folge seiner Rassenzugehörigkeit betrachtet werden müsse. Da wurde der umgängliche Michael Jordan eisig und fragte zornig, ob es nicht möglich sei, anzuerkennen, dass auch ein schwarzer Mensch viel Zeit und Ausdauer aufbringen kann, um eine herausragende Leistung zu erbringen.

Hat Michael Jordan nicht Recht? Wird mit dem Satz, dass die Fähigkeit den Menschen im Blut liegt, nicht ein wesentlicher Teil ihrer Leistung marginalisiert, der nämlich, dass sie besonders viel getan haben, um dorthin zu kommen, wo sie sind? Ist es nicht auch auffällig, dass die »Bluttheorie« besonders gerne von Menschen vorgebracht wird, die keine Lust verspüren, einen langen Weg zu beschreiten? Für diese legitimiert das »Argument«, der falschen Rasse anzugehören, das eigene Phlegma: Wenn ich es nicht im Blut habe, brauche ich gar nicht mehr zu üben.

Wie sieht denn die Lebenswirklichkeit der Kinder aus, denen angeblich das Tanzen und Trommeln im Blut liegt? In Salvador da Bahia, dem schwarzen Herzen Brasiliens, wohnte ich zusammen mit Dudu Tucci einen Monat in einer Favela bei einer Candomblépriesterin. Candomblé entspricht ungefähr dem bei uns bekannteren Voodoo aus Haiti, von dem alljene eine neblige Vorstellung besitzen, die *Indiana Jones im Tempel des Todes* oder *Angel Heart* gesehen haben. Es handelt sich also um eine Trancereligion, bei der es Tieropfer gibt und bei welcher ausgiebig getrommelt, gesungen und getanzt wird. Die Rituale beginnen meist ganz unspektakulär und erreichen erst tief in der Nacht ihren Höhepunkt. Und wer geht zu diesen Ritualen? Alle gehen hin, das bedeutet, dass die Kinder zumindest zu Beginn oft dabei sind. Das führt dazu, dass sie von Anfang an in diese Kultur eingebettet werden, dasss sie Musik und Tanz sozusagen mit der Muttermilch aufsaugen.

Noch eindrücklicher als diese Erfahrung war für mich der Besuch eines afrikanischen Konzerts. Fela Anikulapo Kuti ist für seinen Kontinent das, was der Jazzmusiker Miles Davis für Amerika ist. Er hat die Musik revolutioniert. Den Stil des mittlerweile verstorbenen Musikers bezeichnet man als »Fela-Beat«. Diese Musik wird bis zum heutigen Tag in Lagos, der Hauptstadt von Nigeria, in einem Club zelebriert, der passenderweise den Namen »The Shrine« trägt. Zu diesem Club pilgern jedes Wochenende tausende Menschen.

Wie es sich für einen erfolgreichen afrikanischen Mann gehört, hatte Fela Kuti viele Frauen, sehr viele Frauen, um genau zu sein, und noch viel mehr Kinder. Er hatte so viele Kinder, dass es ihm gelang, ein Konzert einzig mit seinen Söhnen und Töchtern zu bestreiten. Bei besagtem Auftritt standen etwa vierzig Menschen auf der Bühne. Die Jüngsten werden sieben Jahre alt gewesen sein, die Ältesten waren in den frühen Dreißigern. Die Knirpse hockten in Reiterstellung auf einem etwa vier Meter langen Baumstamm, der ihnen als Trommelinstrument diente. Auf diesen hieben sie in dem vierstündigen Konzert immer den gleichen elementaren Rhythmus. Den etwas Größeren war es gestattet, den Rhythmus an einer Stelle abzuwandeln, den Zwölf- bis Dreizehnjährigen an zweien. Die Fünfzehnjährigen durften erste kleine Phrasierungen spielen, die Zwanzigjährigen waren nachgeordnete Solisten, die wenigen, die noch älter waren, hatten es endlich zum Meistertrommler gebracht. So um die fünfundzwanzig Jahre dauerte die Entwicklung im Familienorchester Kuti also, vom kleinen Baumschläger bis zum Meistertrommler. Liegt da die Musik im Blut oder erinnert Sie das eher an die Zehntausendstundenregel? Würden nicht auch andere Menschen wunderbar trommeln, wenn sie einfach fünfundzwanzig Jahre übten? Wenn ich heute Schülern die Afro-Clave beibringe, einen elementaren Rhythmus, kommt oft nach zehn Minuten die Frage »Und was machen wir jetzt? Kann ich beim nächsten Mal den Fortgeschrittenenkurs besuchen?« Läuft da etwas falsch?

Das Geheimnis der Gliederpuppe
Die buddhistischen Visionen des Heinrich von Kleist

Kommen wir zum Anfängergeist zurück und beschäftigen uns mit der Frage, weshalb der »Virtuous Circle«, den die Kinder anfänglich intuitiv praktizieren, später so oft in einen »Vicious Circle« umschlägt. Außerdem möchten wir wissen, warum der Anfängergeist von den Asiaten als Zeichen vollendeter Könnerschaft gesehen wird und der weiße Gürtel der Meisterschaft deshalb als unerreichbar gilt? Um uns den Antworten auf diese Fragen zu nähern, beschäftigen wir uns jetzt mit dem *Marionettentheater*-Aufsatz des Heinrich von Kleist. Vordergründig hat Kleist vor etwa zweihundert Jahren einen Text über das Tanzen geschrieben.[34] In diesem geht es allerdings nicht um irgendwelche tänzerischen Bewegungen. Es geht um den Geist, der den perfekten Tänzer vom gewöhnlichen unterscheidet.

Der Ich-Erzähler der Geschichte weilt in einer nicht näher benannten Stadt, deren Oper er immer wieder besucht. An dieser Oper sorgt ein Tänzer für Furore, er wird Herr C. genannt. Der Erzähler wundert sich, dass er Herrn C. nicht nur in guter Gesellschaft trifft. Herr C. scheint eine eigenwillige Marotte zu kultivieren. Er hat ein seltsames Faible für das Marionettentheater, eine Kunstform, eher dem gemeinen Volke zugedacht als einem Virtuosen, dem die Hautevolee ihre Aufwartungen macht. Auf dem Rummelplatz, wo sich der Pöbel an den Schaubuden vorbeidrückt, erblickt der Erzähler also wie Herr C. versonnen dem Puppenspiel zuschaut. Das erscheint ihm so befremdlich, dass er sich ein Herz nimmt und den Star in ein Gespräch verwickelt. In diesem macht ihm Herr C. deutlich, dass ein werdender Tänzer gut beraten sei, sich mit dem Wesen des Marionettenspiels auseinanderzusetzen. Herr C. erklärt ihm, dass es beim Tanzen nicht darum ginge, einfach die einzelnen Gliedmaßen des Körpers zum Takte der Musik zu bewegen. Für einen Tänzer sei entscheidend, wie ein Marionettenspieler den Schwerpunkt des Körpers zu beherrschen. Gekonnten Bewegungen des Körperschwerpunkts würden die Gliedmaßen in völlig natürlicher Weise nachschwingen, seien diese doch nichts mehr als der Schwerkraft und der Trägheit unterworfene Pendel. Allein diese Erkenntnis würde reichen, den Text unsterblich zu machen. Kleist hat *Über das Marionettentheater* 1810 geschrieben und darin in visionärer Weise eine Einsicht vorweggenommen, die heute in der Neurologie und Robotik en vogue ist: Es macht wenig Sinn, alle Gliedmaßen separat zu steuern. Entscheidend ist, die Impulszentren zu beherrschen und die dann auftretenden Pendelbewegungen zu kontrollieren. Doch das ist in unserem Zusammenhang von nebensächlicher Bedeutung. Für uns ist wichtig, was diesen einführenden Sätzen folgt. Herr C. argumentiert nämlich, dass eine leblose Puppe im Gegensatz zu einem bewussten Menschen einen unschätzbaren Vorteil hat. Kraft der Gesetze der Physik ist ihr Schwerpunkt immer an der richtigen Stelle; und das ist die Grundlage von Eleganz und Grazie. Ganz anders bei den Menschen, bei denen der Schwerpunkt gemeinhin in peinlich-burlesker Weise verrutscht. C. nennt zwei Beispiele aus seiner Compagnie.

Bei Frau P. sei der Schwerpunkt, wenn sie die Daphne spielt, immer in den Wirbeln des Kreuzes, und der junge F. habe ihn gar in seinem Ellenbogen, wenn er als Paris der Venus den Apfel reicht. Dann kommt C. auf den zentralen Punkt zu sprechen. Wie kann es sein, dass der Mensch seine Anmut verliert, obwohl ja auch er einen physikalischen Körper besitzt wie eine Marionette? Die Antwort mag im ersten Moment überraschen: Da der Mensch den Körper *bewusst* steuern könne, sei der Kern des Übels die Ziererei! Das Bedürfnis, etwas darzustellen, von dem man annimmt, dass es den anderen gefällt, führt zur Aufgesetztheit, zur Gestelztheit. Das wirkt auf den Betrachter unnatürlich.

Die Frage, wie man dieses Stadium überwindet, macht das *Marionettentheater* zu einem Brückentext zwischen dem Buddhismus und der westlichen Kultur. Man könnte sogar den Eindruck haben, dass dieser Text nicht von Kleist, sondern von einem Zen-Meister geschrieben worden ist.

Im Zen-Buddhismus, dem wir die Wertschätzung des Anfängergeistes verdanken, ist die Suche des Menschen nach der »rechten Mitte« ein zentrales Thema. Die »rechte Mitte« ist in diesem Zusammenhang keine Metapher, sondern wortwörtlich zu verstehen. Wie bei Kleist geht es darum, den natürlichen Schwerpunkt des Körpers mit der Haltung, die von unserem Wollen bestimmt ist, zur Deckung zu bringen. Das Wollen verdankt sich dem Selbstbild, dem wir genügen möchten; dieses wird wiederum in hohem Maße von unserer Umwelt beeinflusst. In einer Kultur, in der das Ideal des furchtlosen Cowboys eine Leitbildfunktion hat, kann man es erstrebenswert finden, breitbeinig, mit wiegenden Schultern und ständig schussbereit durch das Leben zu gehen, auch wenn sich diese Haltung in keiner Weise den Gegebenheiten des eigenen physikalischen Körpers verdankt. Wie das Wort »Haltung« schon andeutet, bemüht man sich, eine Pose zu halten. Mittels einer aufgesetzten Körpersprache, Kleidung, die wir selbst für modisch halten, dem Genuss und Gebrauch von Produkten, die über die Werbung mit einem bestimmten Image aufgeladen werden, inszenieren wir ein Selbstbild, das wir persönlich anziehend finden. Die Differenz aber zwischen diesem inszenierten Bild und dem, wie wir tatsächlich fühlen und denken, ist Gradmesser der persönlichen Authentizität.

Es ist in diesem Zusammenhang übrigens interessant, dass wir Menschen ein feines Sensorium dafür entwickelt haben, Schein und Sein voneinander zu unterscheiden. Das Problem des inszenierten Selbst besteht nämlich darin, dass es vom Bewusstsein gesteuert wird. Das Bewusstsein aber, auf das wir Menschen uns so viel einbilden, hat nur eine sehr geringe Verarbeitungskapazität. Bewusst können wir uns nur auf wenige Dinge gleichzeitig konzentrieren. Ein aufgesetztes Lächeln, und schon entziehen sich die fahrigen Hände oder die Körperhaltung der Kontrolle. Um das alles gleichzeitig zu beherrschen, bedarf es eines jahrelangen Trainings, wie es zum Beispiel Schauspieler oder auch Politiker absolvieren. Und trotzdem, häufig führt das aufgesetzte Verhalten dazu, dass die bewusst inszenierten Gesten, die mimischen Signale und die Körperstellungen als bemüht wahrgenommen werden. Der

Grund liegt darin, dass die vom Unterbewussten beeinflusste Körpersprache die Inszenierung unterminiert und eine feine Differenz herstellt zwischen den bewusst gesendeten Informationen und den unterschwellig wahrnehmbaren Signalen.[35] Das bekannteste Beispiel dieser Differenz ist das Duchenne-Lachen. Der französische Arzt Guillaume Duchenne entdeckte im 19. Jahrhundert, dass bei einem natürlichen Lachen die Augen mitlachen. Beim aufgesetzten Lachen der Schauspieler und Politiker ist das im Allgemeinen nicht der Fall. Interessanterweise hat man mit bildgebenden Verfahren auch festgestellt, dass künstliches und natürliches Lachen sich nicht nur mimisch unterscheiden. Sie werden auch von unterschiedlichen Teilen des Hirns gesteuert.

Die Differenz zwischen dem, was Menschen signalisieren wollen, und dem, was sie tatsächlich signalisieren, wird von ihren Mitmenschen intuitiv als unangenehm und unnatürlich wahrgenommen. In einer ausführlichen Untersuchung konnte gezeigt werden, dass gerade Politiker für diese ruchbare Form der Eigendarstellung anfällig sind, wobei Oskar Lafontaine von den Probanden für am wenigsten glaubwürdig und deshalb unsympathischsten gehalten wurde.[36]

In die Sprache von Kleist übersetzt bedeutet das nun, dass diesen Menschen der Schwerpunkt verrutscht ist. Bewusst bemühen sie sich, etwas zu sein, was sie eigentlich nicht sind: das inszenierte Selbstbild unterscheidet sich vom natürlichen Wesen. Die Zen-Buddhisten kommen haargenau zu dem gleichen Ergebnis: Sie bezeichnen das inszenierte Bild als das Ich des Menschen. Dieses Ich unterscheidet sich in fast allen Fällen von seinem Wesen. Nur bei Kindern und Meistern fallen die verschiedenen Schwerpunkte exakt zusammen. Bei den Kindern, weil sie noch kein starkes Ichbewusstsein ausgebildet haben und sich selbst während ihres Tuns nicht reflektieren. Bei den Meistern, weil sie das eigene Ich als Illusion enttarnt haben. Das ist das Ziel aller Übung.

So ist es zu verstehen, wenn Kleist der Ziererei die Schuld gibt an der künstlichen, unnatürlichen Darstellung. Und da eine Holzpuppe zu dieser nicht in der Lage ist, hält er sie folgerichtig für den besseren Tänzer.

Auf den letzten Seiten des kurzen Textes konkretisiert Kleist an zwei Beispielen, welchen Schaden die Ziererei für die natürliche Anmut bringt. Als Erstes gibt er ein Beispiel aus der Fechtkunst. Herr C. beschreibt, wie er von einem anmaßenden jungen Grafen zu einem Duell herausgefordert wird, welches er mühelos gewinnt. Der gekränkte Adlige aber meint, Herrn C. nun selbst seinem Meister zuführen zu müssen, und der fechtende Tänzer staunt nicht schlecht, als er zu einem angeketteten Bären geführt wird. Aufgefordert, diesen anzugreifen, stellt sich heraus, dass der exzellente Fechter völlig ohne Chance ist. Der Bär lässt sich nicht täuschen. Keine seiner Finten verfängt. Der Bär reagiert ohne Umwege über das Bewusstsein und ist deshalb viel schneller. Wenn man ein philosophisches Buch über die japanische Kriegskunst Bushido liest, dann ist es genau diese Geisteshaltung, die den vollendeten Krieger auszeichnet. Das unmittelbare Reagieren auf das Agieren, welches durch keine Bewusstmachung getrübt wird. Diese Unmittelbarkeit allerdings lässt sich nur erreichen, wenn man alle Ängste überwunden hat – die vor dem Tod zum Beispiel. Diese Überwindung aber ist das Ergebnis langer Übung, eines philosophischen Prozesses, der mit unserer Form der Philosophie nichts zu tun hat.

Im zweiten Beispiel beschreibt Kleist, wie ein Jüngling seine Anmut verliert, als er sich per Zufall in einem Spiegel sieht und die von ihm eingenommene Pose eine Ähnlichkeit mit einer Statue aufweist, die er kurze Zeit vorher im Museum gesehen hat. In dem Bedürfnis, diese Pose in seiner eigenen Bewegung zu imitieren, verliert der junge Mann vollständig seine Grazie und wird so hölzern, dass der Erzähler, der ihn beobachtet, laut lachen muss. Die Bewusstmachung seiner eigenen Bewegung zerstört dieselbe.

Entscheidend ist abschließend die Einschätzung von Kleist, welche Menschen in der Lage sind, zu vollendeter Anmut zurückzufinden, obwohl sie sich ihrer selbst bewusst sind. Kleist kommt zu der Einsicht, dass diese den Kindern gegebene Anmut nur von einem Menschen mit gottgleichen Fähigkeiten erreicht werden kann. Es ist, als ob die Linie, die an einem Punkt gestartet ist, durch das Unendliche geht, um endlich wieder zu diesem Punkt zurückzukehren. Auch diese Kleist'sche Einschätzung deckt sich mit der japanischer Meister. Der weiße Gürtel, der Ausdruck vollendeter Meisterschaft, wird nur nach dem Tod vergeben. Auch die japanischen Weisen gehen nämlich davon aus, dass eigentlich kein Lebender in der Lage ist, Schein und Sein vollkommen in Einklang zu bringen.

Damit kommen wir zurück zum Anfängergeist und zum Paradoxon, dass nur der, welcher in seinem Inneren ein Anfänger bleibt, zur Meisterschaft gelangen kann. Wir haben gesehen, dass für die Menschen, die eine Sache um ihrer selbst willen machen, nicht so wesentlich ist, was beim Üben herauskommt. Wichtig ist, was beim Üben hereinkommt! Das Üben ist ein Prozess, in welchem sich der Übende selbst verändern muss, damit die Kunst zu einer Vollendung gelangen kann. Das ist eine Einstellung, von der alle Lernenden sehr profitieren können. Die Vollendung wird dann erreicht, wenn wir uns in der Ausübung der Kunst der Kunst selbst nicht mehr bewusst sind. Diese Fähigkeit ist nur ganz wenigen Menschen gegeben. Es sind Momente vollkommener Entäußerung, in der sich das Innere völlig ohne Scham nach außen wendet und alle Beobachtenden unmittelbar ergreift. Kindern ist das wesenseigen – bis sie vom Baum der Erkenntnis essen und sich wie wir alle in Sein und Schein aufspalten. Diese widerstrebenden Pole erneut zu vereinen, ist Sinn und Zweck der Übung. Die lange Wegstrecke, die auf dieses Ziel hinführt, kann nur hinter sich bringen, wer beim Üben den Anfängergeist kultivieren.

Damit hat der rätselhafte Anfängergeist also zwei Komponenten. Zum einen bezeichnet er eine Einstellung zum Üben. Angetrieben von der Lust am Staunen und der damit verbundenen Aufmerksamkeit, tut der Lernende eine Sache ihrer selbst wegen. Daraus ergibt sich eine effiziente Praxis des Übens. Gleichzeitig bezeichnet der Anfängergeist aber auch eine Seelenhaltung, die in fast unerreichbarer Ferne liegt, dort, wo sich Schein und Sein wieder vereinen. Den Zusammenhang dieser beiden Komponenten kann man in einem Satz zusammenfassen: Wir müssen wie die Kinder lernen, um auf einer höheren Ebene wieder wie Kinder zu werden!

4. Meister der Eigenzeit

*Warum leben Kinder in einer Ewigkeit,
während uns die Zeit entflieht?*

Momente der Selbstvergessenheit. Ein Mädchen sitzt in der Krone einer Birke, die vom Wind geschaukelt wird, und träumt in den Tag. Ein Junge formt stundenlang Sand zu Haufen, und vor seinem geistigen Auge erscheinen Burgen und Schlösser, bevölkert mit phantastischen Gestalten.

Jeder von uns erinnert sich an Augenblicke seiner Kindheit, in der Zeit noch etwas ganz anderes war. Das war nicht das monotone Ticken der Uhrwerke, die der Welt der Erwachsenen den Takt schlagen. Zeit hatte etwas Ungestaltetes, glich eher einem warmen See, in dem man sich treiben ließ. Wie ist es möglich, aus diesem Paradies vertrieben zu werden? Wie bricht das Andere ein in diese beschaulich-bukolische Welt?

Mich persönlich traf die Erkenntnis, dass die Zeit so völlig verschiedene Gesichter hat, wie ein Blitz aus unbewölktem Himmel. Ich saß auf der Toilette eines Hotels, irgendwo in den verschneiten Schweizer Bergen, und tat einen gellenden Schrei. Wie eine Dohle hüpfte ich mit heruntergelassener Hose ins Freie. Es war 8.07 Uhr. Sieben Minuten über der Zeit. Ich sah nur noch, wie das Auto meiner Eltern hinter einer Kurve verschwand – ohne mich. Ich stand im Schnee, wohl etwa neun Jahre alt, und weinte bitterlich. Zwei Welten waren miteinander kollidiert; zwei Zeitbilder, um genau zu sein. Das des Kindes auf der einen Seite und das der Erwachsenen auf der anderen. Ich musste aufs Klo, also ging ich. Mein Vater hatte verordnet, dass der Aufbruch aus dem Skiurlaub um Punkt 8 Uhr zu geschehen habe, also fuhr er. Natürlich wendete er nach einer Weile und lud mich ein, nachdem er sicher war, dass ich die Lektion gelernt hatte, meine natürlichen Bedürfnisse in Zukunft seinem Zeitmanagement unterzuordnen. War mein Vater ein herzloser Mensch? Ganz und gar nicht. Wie viele berufstätige Menschen war er nur hin- und hergeworfen zwischen zwei unterschiedlichen Zeitphilosophien. Die eine sollte helfen, den Arbeitstag zu organisieren, die andere, die Freizeit zu genießen. Wenn man Urlaubsreisen als zeitliche Grenzlinien betrachtet, die den hektischen Alltag von wonnigen Mußestunden trennen, dann ahnt man schon, dass diese Linien besondere Konfliktpotenziale bergen. Ist eine lange Autofahrt noch Arbeit oder schon Urlaub? Im Falle meines Vaters war die Antwort klar: Bei der Hinreise war er noch Manager und bei der Rückreise schon wieder.

Aus diesem Grunde hatte sich die Familie einer in industriellen Fertigungsprozessen optimierten Effizienzlogik zu unterwerfen. Gestartet wurde auf die Minute genau. Genauso exakt waren Tank- und Toilettenpausen festgelegt. Auch die Verteilung der Kompetenzen im Auto selbst war von absoluter Klarheit. Koffer packen und Wegzehrung vorbereiten: Aufgabe der Mutter. Die Koffer verstauen: Aufgabe des Vaters, da das männliche Gehirn die Lösung komplexer Aufgaben im Raum besser bewältigt. Die Steuerung des Autos? Selbstverständlich Aufgabe des Mannes. Das Verteilen von Kaffee und Brötchen? Aufgabe der Mutter. Wir Kinder hatten keine Aufgabe. Wir mussten uns nur dem Plan fügen, Ruhe bewahren und geduldig das Ende der Reise abwarten. Blieb nur ein Problem. Wer gab den Weg an? Nach der Hirntheorie meines Vaters war auch bei Orientierungsaufgaben der Mann den Frauen überlegen. Da er aber nicht gleichzeitig fahren und die Autokarte studieren konnte, oblag das Kartenlesen meiner Mutter. Ein kleiner, aber leider nicht zu vermeidender Systemfehler, der sie in ernste Schwierigkeiten brachte. Während der Herr Papa nämlich durch die Kurven driftete und meine Mutter mit weiblicher Empathie Hungerzustände der Insassen erspürte, die sie durch die Gabe von Imbissen zu lindern suchte, musste sie im gleichen Moment auf Abruf exakte Weginformationen liefern. Das verursachte Stress, weil mein Vater ihr nicht nur zumutete, mehrere Dinge gleichzeitig zu tun, sondern zudem auf einer fast militärisch knappen Kommunikationsform bestand. Meine Mutter tauchte gerade in den Brötchensack ab, da donnerte es von oben herab:

»Marlene! Stuttgart oder Basel?!«

»Moment, Kurt, ich hole gerade den Kindern was zu essen!«

»Keine Eloge bitte, nur kurze und sachdienliche Informationen!«

Mein Vater schoss ohne zu bremsen auf die Abfahrt zu.

»Ich glaube Basel.«

»Glauben ist nicht wissen! Exakte Antwort bitte!«

Meine Mutter nestelte hektisch die Karte hervor, um stressblind die entsprechende Abfahrt zu übersehen.

»Stuttgart«, vermutete sie jetzt aus dem Bauch heraus und bemühte sich, im Tonfall ihre Unsicherheit zu kaschieren. Ein schwerer Fehler: Es war Basel. Denn nun griff ein anderer Mechanismus, den mein Vater heute altersmilde belächelt. Er weigerte sich, einen Weg in derselben Richtung zurückzufahren. Einen Fehler einsehen, wenden und die richtige Abfahrt nehmen – das war ausgeschlossen. Während mein Vater also mit unverminderter Geschwindigkeit einem fernen Ziel entgegenflog, musste meine Mutter mit Schweißperlen auf der Stirn den Wagen durch unbekanntes Terrain lotsen.

In einem Fall führte das fast zum Absturz des Autos, da sich meine Eltern in den Bergen verfranst hatten. Die richtige Passstraße war verfehlt, und nun versuchte Papa, sich auf einem Seitenweg zum Ziel durchzukämpfen. Doch der war nur anfänglich befestigt und verjüngte sich dann immer mehr zu einem Eselspfad. Als der Wagen schließlich mit dem einen Rad die senkrecht aufsteigende Felswand streifte, während das andere über dem Abgrund hing, hatte selbst mein Vater ein Einsehen und versündigte sich am heiligen Nichtumkehrprinzip. Er fuhr den Weg kilometerweit rückwärts, und als sie wohlbehalten unten angelangten, zerdrückte die Mama ein paar stille Tränen.

In seiner Freizeit war mein Vater vollständig anders. Hier schien die Effizienzlogik keine Rolle zu spielen, im Gegenteil, er kultivierte das kindliche Spiel. Solange ich denken kann, war Tennis seine große Leidenschaft. Doch mein Vater verfolgte nicht das Ziel, ein Spitzenspieler zu werden. In seiner freien Zeit mit Schaum vor dem Mund um den Sieg zu kämpfen, galt ihm als Ausdruck einer kleinbürgerlichen Gesinnung, der etwas Würdeloses anhaftet. Meinem Vater ging es um Höheres. Ihm ging es um den Schlag an sich. Er genoss ein Gefühl vollständiger Befriedigung, wenn es ihm im Stile eines Björn Borg gelang, eine Vorhand für den anderen unerreichbar über das Netz zu peitschen, selbst wenn er diese Meisterschläge nicht immer in derselben Weise wiederholen konnte. Wie aber war bzw. ist mein Vater in der Lage, die Flugbahn des vollkommenen Schlages zu erkennen und sicher von stümperhaften Bemühungen zu unterscheiden? Diese Fähigkeit verdankt sich einem fast fünfzig Jahre dauernden Studium der Tenniskunst. Ich vermute, dass niemand meinem Vater auf theoretischem Gebiet das Wasser reichen kann. Billy Jean King, Rod Laver, Steffi Graf, Jimmy Connors, Boris Becker, Pete Sampras, Roger Federer, der gesamte Pantheon des weißen Sports – mein Vater wüsste alle Säulenheiligen schon an der Art und Weise zu erkennen, wie sie eine Kaffeetasse zum Mund führen. Kein Wunder also, dass man ihn ehrfürchtig »den

Professor« nennt. Er hat sich diesen akademischen Titel redlich verdient. Der Weg, den er beschritt, ist wirklich außergewöhnlich. Mir persönlich ist zumindest niemand sonst bekannt, der auch an herrlichen Sommertagen bei heruntergelassenen Jalousien im Wohnzimmer saß, um stundenlang vor dem Video die Griffhaltungen der Weltelite zu analysieren. So gehörte es in meiner Familie zum Alltag, dass meine Mutter in der Küche das Mittagessen bereitete, während mein Vater auf Knien vor dem Fernseher herumrutschte, in der einen Hand den Tennisschläger, in der anderen ein Vergrößerungsglas. Von Zeit zu Zeit wurde er dann von einem Erkenntnisschub übermannt. Aus den Tiefen des Wohnzimmers war plötzlich Triumphgeheul zu hören:

»Marleeene!«

Die Mutter, leicht genervt, mit beschlagenen Brillengläsern, den Kochlöffel wie eine Waffe erhoben in der Hand:

»Ja, Kurt, was ist denn?«

Mein Vater, freudestrahlend:

»Endlich, endlich ... ich hab's!«

»Was bitte hast du?«

»Den Tanner-Aufschlag.«

»Was? ... Kurt, ich kann jetzt nicht, die Soße brennt an!«

»Marlene, du musst gucken. Das ist ein einzigartiger Augenblick!«

Mein Vater stand also vor meiner Mutter, sammelte sich und vollzog dann mit Verve eine Bewegung, wie sie seiner Meinung nach auch von dem Aufschlagkanonier

Roscoe Tanner vollzogen wurde, der damals den Ball mit mehr als 240 Stundenkilometern über das Netz dreschen konnte. Er hob dabei ein wenig das Bein, wie ein Hund, der sein Revier markiert. Wer das komisch fand, zeigte nur, dass er in die Mysterien des Spiels nicht eingeweiht ist und zudem vom Impulserhaltungssatz keine Ahnung hat.

»Was ist daran besonders?«, fragte meine Mutter naiv, wobei sie immer wieder verstohlen zur Soße lugte.

»Ja, hast du denn nicht das Pfeifen gehört?«, versetzte mein Vater erstaunt.

»Da hat niemand gepfiffen.«

»Doch, der Schlägerkopf! Wenn du nämlich tannermäßig schlägst, dann gibt es dieses charakteristische Pfeifen! *Das* ist das Zeichen der Weltelite.«

Mit diesen Worten zog sich mein Vater selig lächelnd in sein Schattenreich zurück. Nun, nachdem ein Etappensieg auf dem Weg zur Vollkommenheit errungen war, wollte er endlich das Rätsel der perfekten Rückhand lösen. Meine Mutter wandte sich erleichtert ihren Töpfen zu. Bleibt noch hinzuzufügen, dass mein Vater der Mutter einmal bei einer eingesprungenen Ivan-Lendl-Vorhand das Tablett aus der Hand schlug und das Geschirr zu Bruch ging. Ein vertretbarer Verlust auf dem Weg zur absoluten Durchdringung des Tennisspiels.

Die facettenreiche Persönlichkeit meines Vaters legt nun die Vermutung nahe, dass der bestimmte Artikel »die« vor dem Wort »Zeit« kaum mehr ist als eine Fata Morgana. *Die* Zeit gibt es nämlich nicht. Offensichtlich sind in einem erwachsenen Menschen ganz *unterschiedliche* Zeitvorstellungen am Werke. Im Falle des Vaters die des Managers, des »Troubleshooters«, wie er sich selbst zu bezeichnen pflegte. In dieser Rolle verkündete er zu jeder passenden Gelegenheit, dass Leistung Arbeit pro Zeit sei. Aber dann gab und gibt es eben auch noch die des vergnüglich-selbstvergessenen Menschen, der sich einem fast kindlich-zweckfreien Spiel hingibt und seine freie Zeit in vollen Zügen genießt. Ein meditierender Mönch wird wiederum einen ganz anderen Zugang zur Zeit haben, genauso wie ein laufend unter Strom stehender McKinsey-Berater oder ein in Trance gefallener Voodoo-Tänzer. Wir ahnen also schon, dass die menschliche Persönlichkeit eng mit einer bestimmten Einstellung zur Zeit verwoben ist, so wie wir es in vergleichbarer Weise schon beim Zufall erfahren haben. Denken wir an meine Opas zurück, dann wird darüber hinaus klar, dass das Denken über die Zeit und den Zufall nicht unabhängig voneinander sind.

Da das Thema der Zeit aber von abgründiger Tiefe ist und ein Menschenleben nicht ausreicht, all seine Verästelungen auszuloten, werden wir uns bescheiden. Wir nehmen nur die Zeitschizophrenie ein wenig ins Visier, die mich selbst genauso plagt wie meinen Vater und wahrscheinlich fast jeden modernen westlichen Menschen. Irgendwie baumeln wir doch alle zwischen den Extremen, hin- und hergeworfen zwischen dem Wahn, jeden Augenblick im Wachzustand dem Diktat der Uhr zu unterwerfen, und der unbändigen Lust, uns wie ein Kind im Zeitenstrom treiben zu lassen. Trotzdem ist es die Mischung, die den Menschen macht. Denn je nachdem, welche dieser beiden sich ausschließenden Zeitphilosophien wir in den Vordergrund rücken, bekommt das Leben ein anderes Gesicht. Um das zu nachvollziehen zu können, werden wir uns im Folgenden mit dem Unterschied von »konstruierter« und »gefühlter« Zeit beschäftigen. Und erneut ist es Herr Einstein, der uns den Weg weist, obwohl er uns eigentlich etwas ganz anderes erzählen wollte.

Mit dem Hintern auf dem Ofen
Von der Relativität der Zeit

Die Relativitätstheorie Albert Einsteins gilt als abstrakter Gedankenpalast, der für einen Normalsterblichen eigentlich nicht zu betreten ist.[37] Wer kann sich schon vorstellen, dass die Welt vier Dimensionen hat und dass ein Fußball den Raum krümmt, der wiederum durch seine Form dem Ball vorgibt, wie er sich zu bewegen hat? Und ist es wirklich denkbar, dass eine Reise mit Lichtgeschwindigkeit genau dasselbe ist wie ein zur Ewigkeit aufgeblasener Augenblick? Oder können wir nachvollziehen, dass ein Zwilling, der mit einem Raumschiff intergalaktische Weiten durcheilt hat, auf die Erde zurückgekehrt den Tod seines mit achtzig Jahren verstorbenen Bruders beweint, während er selbst noch das biologische Alter eines Dreißigjährigen hat?

Umso mehr ist man verwundert, wie Einstein selbst die Relativität der Zeit zu veranschaulichen pflegte. Dass

Zeit relativ sei, merke man ganz einfach: Es mache einen großen Unterschied, ob man eine Stunde mit seinem Hintern auf einem heißen Ofen verbringt oder dieselbe Zeit mit einer Geliebten das Lager teilt. Wenn einem dieser Unterschied einsichtig sei, dann hätte man die Relativität der Zeit verstanden, beschied er einem Journalisten.

Hoppla, ist das wirklich alles? Taugt dieses Bonmot dazu, das Wesen der Relativitätstheorie zu erhellen? Ich persönlich meine, dass die von Einstein am Ofenbeispiel verdeutlichte Relativität der Zeit mit seiner Theorie überhaupt nichts zu tun hat. Stattdessen führt sie uns aber in die verzauberte Zeitwelt der Kinder, von der jeder noch Stücke in sich trägt, auch wenn sich diese im Laufe des Lebens verwehen. Deshalb wird uns Einsteins Ofenzitat als Leitlinie dienen.

Betrachten wir den Ausspruch etwas kritischer, fällt zudem auf, dass schon in diesem einen Satz zwei unterschiedliche Zeitbilder miteinander vermengt werden. Auf der einen Seite ist dort von einer Stunde die Rede. Das ist offensichtlich ein Zeitmaß, das man auf einer Uhr abliest. Auf der anderen spricht Einstein von einem Gefühl der Dauer, das tatsächlich sehr verschieden ausfällt – eine schmerzhafte Ewigkeit auf der einen Seite, ein im Nu verflogener Sinnenrausch auf der anderen.

Die Vermischung genau dieser beiden Zeitbilder führt zur angesprochenen Zeitschizophrenie. Um zum Kern dieses verbreiteten Leidens zu gelangen, befassen wir uns jetzt zuerst mit der konstruierten Zeit. Wir fragen uns, welche Funktionen Uhren eigentlich haben und welchen Zwecken sie genügen sollen. Dann verstehen wir, weshalb sie heute mit größter Selbstverständlichkeit unser soziales Miteinander steuern und mittlerweile so allgegenwärtig sind, dass wir ihr Ticken mit der Zeit gleichsetzen.

Wem die Stunde kräht
Kann man die Zeit wirklich messen?

Stellen Sie sich ein Leben ohne Uhr vor! Können Sie das? Selbstverständlich. Davon träumen wir doch schließlich alle!

Werden Sie jetzt ruhig etwas kitschig, was folgt ist nur ein Gedankenspiel: Angenommen, Sie sind eine junge Frau. Imaginieren Sie bitte eine einsame Tropeninsel, Palmen, weißen Sand und kristallklares Wasser. Nur die Natur und Sie. Ein paradiesischer Gegenentwurf zum hektisch-pulsierenden Leben der Städte. Und das Schicksal meint es gut mit Ihnen. Im Schatten der Palmen nennen Sie ein auf Pfählen stehendes Häuschen ihr eigen. Sie hören das Rauschen der Wellen, vom wenige Meter entfernten Meer weht stets ein kühlendes Lüftchen zu Ihnen herüber. Sie schlafen nur, wenn Sie müde sind, und essen, wenn der Hunger kommt. Aber das ist noch nicht alles. Es kommt noch besser. Fortuna schüttet ihr ganzes Füllhorn über Ihnen aus. Gerade in dem Augenblick nämlich, da Sie auf Ihrer schattigen Veranda mit einer schläfrigen Bewegung einen würzigen Fisch mit einem Schluck Zuckerrohrschnaps hinunterspülen (Ihr Blick streift ohne Ziel über das Meer und verliert sich in der Ferne), schiebt sich die beeindruckende Silhouette eines Fischers in Ihr Blickfeld. Der hoch gewachsene junge Mann bewegt sich mit der Geschmeidigkeit einer Raubkatze. Sein Profil ist von makelloser Schönheit. Blicke begegnen sich, Seelen fliegen einander zu, tanzen einen Reigen und nehmen vorweg, was sich mit Zwangsläufigkeit ereignen muss. Die Frage ist nur, wann und wo. Wie es Fortuna will, spricht der Auserwählte auch noch Ihre Sprache. Doch eine Schicksalsgöttin, die ihren Namen verdient, macht es den Liebenden nicht zu leicht. Sie legt Ihnen ein Hindernis in den Weg: Der Fischer ist verheiratet. Und seine Frau ist ein garstiges Weib, das die kannibalischen Traditionen ihrer Ahnen inbrünstig pflegt. Ihre Grillspieße führt sie mit derselben Behändigkeit wie ein Samurai sein Schwert. Zur Warnung aller hat sie die Köpfe früherer Nebenbuhlerinnen in der Sonne getrocknet und an den Türfries ihrer Hütte genagelt. Ihren Mann, einen vom Naturell her sinnesfrohen Menschen, bewacht sie den ganzen Tag mit Argusaugen. Aber die Lage ist nicht völlig aussichtslos. Ihnen kommt ein Gerücht zu Ohren. Immer pünktlich um 16.30 Uhr wird das Weib des Schauens müde und fällt für eine Stunde in einen tiefen Schlaf. Das also ist der Moment, auf den Sie warten. Doch leider müssen Sie sich in die Höhle der Löwin begeben. Diese ist mit der Wesensart ihres Mannes aufs Engste vertraut, und immer bevor der Schlaf sie übermannt, legt sie den Gatten in der Hütte an die Kette. Sich ihm zu nähern, während sie noch wach auf der Veranda sitzt, gleicht einem Todesurteil. Sich zu verbergen und den rechten Moment abzupassen, ist unmöglich, da Sie das Weib mit seinen scharfen Sinnen entdecken würde. Deshalb bleibt Ihnen nur übrig, pünktlich zu erscheinen. Damit kommen wir zum Problem. Dummerweise haben Sie ja keine Uhr dabei. Aber so schnell geben Sie nicht auf: 16.30 Uhr, also etwa anderthalb Stunden bevor die tropische Sonne im Meer versinkt – müsste das nicht der Augenblick sein, wo es nach der Faulfrucht riecht und der Nektarvogel vor der Papageienpflanze tanzt? Als dann am nächsten Tag ein süßlicher Verwesungsduft und der Flügelschlag des Schicksalsvogels den rechten Moment verkünden, machen Sie sich auf. »Hängt die Hose erst am Bettpfosten, ist der Verstand zum Teufel«, hämmert es noch warnend in Ihrem Kopf. Aber Sie können nicht anders. Sie schleichen sich an der scheinbar Schlafenden vorbei in die Hütte. Doch gerade in dem Moment, da Sie des Liebsten ansichtig werden und ihm freudig zuwinken, trifft Sie von hinten ein tödlicher Spieß. Seitdem mahnt ihr Haupt am Fries alle Menschen, über Sinn und Funktion der Uhren nachzudenken.

Völlig unabhängig davon, ob Sie für eine solche Form der Südseeromantik empfänglich sind oder nicht, macht es Ihnen vielleicht Spaß, kurz innezuhalten und darüber nachzudenken, wie man sich ohne Uhren verabreden kann. Anhaltspunkte gibt es in der Vergangenheit. Tatsächlich machte man sich zunutze, dass zu bestimmten Tageszeiten verschiedene Aromen die Luft durchweben oder unterschiedliche Pflanzen blühen. Eine Zeitangabe konnte etwa wie folgt ausgedrückt werden: »Wenn die Sonne noch zweimal aufgeht und die weiße Seerose frühmorgens ihre Blüten öffnet, treffen wir uns unten am Flusse bei der alten Weide.«

Natürlich gab es in der Antike auch schon von Menschenhand konstruierte Zeitmesser wie die Sonnenuhren. Diese dienten aber nicht wirklich dazu, das soziale Miteinander zu koordinieren. Sonnenuhren funktionieren zum einen nur, wenn die Sonne einen Schatten wirft. Außerdem sind sie unhandlich und schlecht zu transportieren. Das macht es schwer, das Leben mit ihrer Hilfe zu strukturieren. Dann kommt noch die Schwierigkeit hinzu: Wie soll man diese Uhren synchronisieren? Stellen Sie sich einmal vor, Alexander der Große wäre von seinem Lehrer Aristoteles auf die Idee gebracht worden, in seinem Riesenreich mittels Sonnenuhren eine Einheitszeit einzuführen. Indien liegt auf einem ganz anderen Längengrad als Alexanders Heimat Mazedonien. Wie hätte man das anstellen sollen?

Um zumindest einige der Anforderungen anschaulich zu machen, die Wissenschaftler, Ökonomen und moderne Menschen an ihre Uhren stellen, kehren wir noch einmal auf unsere Südseeinsel zurück.

Wir unterstellen jetzt, dass Sie zwar nach wie vor gern der Sinneslust frönen, gleichzeitig können Sie aber auch einen kühlen Kopf bewahren, um nicht blindlings ins Verderben zu stürzen. In Ihnen paart sich also die Abenteuerlust eines Giacomo Casanova mit der gedanklichen Kühnheit eines Galileo Galilei. Natürlich ist Ihnen klar, dass der Duft der Faulfrucht und der Tanz des Nektarvogels sehr unzuverlässige Uhren sind. Statt Ihr Leben an diese natürlichen Zeitgeber zu hängen, könnten Sie gleich russisches Roulette spielen. Dieses Problem muss anders gelöst werden. Sie entschließen sich, eine Wasseruhr zu konstruieren. Gott sei Dank steht Ihr Pfahlhaus im Schatten von Kokospalmen. Sie verfügen also über Nüsse in beliebiger Anzahl. Sie besitzen eine Machete, um die Früchte zu spalten und ein Löchlein hineinzubohren. Meereswasser gibt es vor der Haustür. Wie können Sie Ihr Tête-à-tête gestalten, ohne den Kopf zu verlieren? Zuerst versuchen Sie sich in Erinnerung zu bringen, wie eine Wasseruhr funktioniert. Da gibt es einen Behälter, der eine Öffnung hat. Aus dieser läuft das Wasser in einen anderen Behälter. Dann vereinbart man, dass ein Liter im unteren Behältnis einem Zeitmaß, beispielsweise einer Stunde, entspricht. Diese Stunde muss mit unseren Stunden nichts zu tun haben![38] Wir könnten etwa messen, dass im Laufe eines Tages, von dem Moment also, an dem die Sonne im Zenit steht, bis zu dem Moment, an dem sie es einen Tag später wieder tut, 49 Liter durch die Uhr geflossen sind. Unser Wasseruhrentag hätte dann laut Definition 49 Stunden. Wahrscheinlich protestieren Sie schon und weisen darauf hin, dass jetzt zwar ein Problem gelöst wurde, Sie sich dabei aber gleichzeitig ein neues eingehandelt haben. Was bitte ist ein Liter? Sie haben schließlich keinen Messbecher. Deshalb wählen Sie eine andere Strategie. Sie sprechen nicht mehr von einem Liter, sondern definieren eine »Standardkokosnuss«. Da Sie so klug wie Galilei sind, wählen Sie eine, deren Volumen mit mindestens dem einer anderen vergleichbar ist. Jetzt protestieren Sie wieder und wenden ein, dass man auch das nicht feststellen kann, da es ja keinen Messbecher gibt.

Falsch. Sie machen es ähnlich wie ein kluger Hirte, der seine Herde aus 123 Ziegen zählt, ohne zählen zu können. Morgens, wenn er die Tiere auf die Weide schickt, legt er für jede Ziege einen Stein in eine Kuhle. Kommen sie abends wieder in den Stall, nimmt er für jedes Tier einen Stein aus der Kuhle. Bleibt ein Stein übrig, macht sich der Hirte schlechtgelaunt auf die Suche nach der verschwundenen Ziege.[39] In ähnlicher Weise bestimmen Sie Ihre beiden Standardnüsse. Sie gießen so lange Wasser von einer zur anderen, bis Sie zwei Exemplare gefunden haben, die sich wechselseitig genau randvoll füllen lassen, ohne dass etwas überläuft. Wozu brauchen Sie eigentlich zwei Standardnüsse? Sie brauchen zwei Nüsse, da Sie zwei Uhren konstruieren wollen, die in vergleichbarer Weise funktionieren. Dieser wichtige Aspekt von Uhren wird von Wissenschaftstheoretikern als Norm bezeichnet. Leider sind Sie von zwei normgerecht funktionierenden Uhren immer noch ein Stück weit entfernt. Warum eigentlich zwei Uhren? Sie brauchen eine und Ihr Adam ebenfalls, da Sie sich auf einen gemeinsamen Zeitpunkt verständigen wollen. Da Ihr Liebhaber ein Mann mit natürlichen Instinkten ist, bei der Konstruktion funktionierender Uhren aber die Waffen strecken muss, bleibt es Ihnen überlassen, zwei Zeitgeber zu konstruieren, die Ihren Ansprüchen gerecht werden. Folgerichtig wenden Sie sich jetzt den Auslassbehältern zu und machen sich auf die Suche nach der gigantischen Faulfrucht. Sie schneiden vier von den Bäumen, trennen oben eine Kappe ab und höhlen sie aus. Nachdem das Werk vollbracht ist, piksen Sie in zwei von ihnen ein kleines Loch.

Jetzt füllen Sie die durchlöcherten Früchte mit Wasser und hängen sie über die unversehrten. Tropfen auf Tropfen fällt von den oberen Früchten in die unteren. Wie stellen Sie fest, dass die Wasseruhren gleich schnell laufen? Natürlich, mit Ihrer Standardnuss! Sie warten eine Weile. Dann nehmen Sie die unteren Behälter und schöpfen mit der Kokosnuss das Wasser heraus. Auf diese Weise messen Sie deren Inhalt. Sollte dieser nicht ganzzahlig zählbar sein, werden Sie nicht umhinkommen, noch eine kleine Standardmuschel zu definieren, die es Ihnen erlaubt, den Inhalt der Nuss in kleineren Einheiten zu zählen. Irgendwann werden Sie dann mittels dieses Verfahrens in der Lage sein, Ihr Volumen mit hinreichender Genauigkeit bestimmen zu können. Jetzt kommt die entscheidende Phase Ihrer Uhrmacherkunst! Immer wieder lassen Sie die beiden Uhren laufen und verändern ein wenig die Größe der Auslauföffnungen, bis endlich der Moment da ist: Jedes Mal, wenn Sie den Inhalt der Auffangbehälter messen, kommen Sie für beide Uhren zum selben Ergebnis.[40] Ihr Herz schlägt bis zum Halse. Am nächsten Tag, als sich der Liebste unter dem Vorwand nähert, Ihnen einen Fisch zu verkaufen, machen Sie ihn mit der Funktionsweise der Uhr vertraut: Genau in dem Augenblick, da die aufgehende Sonne die Wipfel der Palmen in ein rosiges Licht taucht, möge er seine Uhr an einem versteckten Platz in Gang setzen, und in genau dem Moment, da das garstige Weib zu gähnen beginnt und schon mit den Ketten klirrt, soll er noch schnell den Inhalt der Faulfrucht mit Kokosnuss und Muschel zählen. Diese Zahl muss er sich merken, und nachdem er die Messung zwei Wochen lang täglich wiederholt hat, soll er Ihnen das Ergebnis mitteilen.

Nach vierzehn Tagen ist es endlich so weit. Das Resultat lautet: 9 Nüsse und 42 Muscheln. Sie murmeln die Zahl wie ein Mantra: 9 Nüsse und 42 Muscheln. Jetzt ist der Augenblick da! Am nächsten Tag sitzen Sie gebannt vor der Wasseruhr, nicht ohne abgeschätzt zu haben, wie viele Muscheln Sie für den Weg von Hütte zu Hütte brauchen. Als Ihre Uhr 9 Nüsse und 38 Muscheln anzeigt, machen Sie sich auf. Nur 4 Muscheln später zwinkern Sie den Schrumpfköpfen am Fries spöttisch zu, schlängeln sich an der Schlafenden vorbei und landen im Arm des Geliebten. Am Anfang geht alles gut. Leider entfällt Ihnen im Rausch der Satz »Den Liebenden schlägt keine Stunde«. Aus diesem Grund wird Einsteins Ofenlektion zur Relativität der Zeit für Sie zur tödlichen Gewissheit: Im Arm des Geliebten vergeht die Stunde wie im Flug, im Anblick des röstenden Feuers, das die Kannibalin nun für Sie schürt, wird die gleiche Zeit zur Ewigkeit. Ihr letzter Gedanke gilt einer Uhr, die man immer mit sich führen kann. Endlich verstehen Sie, weshalb die Soldaten im Dreißigjährigen Krieg lebende Hähne bei sich hatten. Diese dienten ihnen weniger als potenzielles Grillhuhn, als vielmehr als transportable, natürliche Uhr. Wem die Stunde kräht!

Sie merken, die Konstruktion von Uhren ist ein abgründiger Prozess. Dass an der Ganggenauigkeit von Uhren Menschenleben hängen, ist übrigens nicht aus der Luft gegriffen. Denken Sie nur an Satellitennavigationssysteme, die ultragenaue Uhren benötigen! Gingen diese plötzlich nach dem Mond, hätte das katastrophale Folgen für den Flugverkehr!

Wenn wir in unserer Südseegeschichte auch nicht alle Aspekte berücksichtigt haben, die für den Bau einer brauchbaren Uhr notwendig sind, dann sollte doch zumindest eine Sache deutlich geworden sein: Uhren messen nicht *die* Zeit!

Dass wir diese auf einem Ziffernblatt ablesen können, um sie dann nach eigenem Gutdünken zu sparen oder zu vergeuden, ist deshalb einer der größten und folgenschwersten Trugschlüsse moderner Industriegesellschaften. Uhren sind von Menschen konstruierte Werkzeuge. Nicht mehr und nicht weniger. Sie sollen seinen Zwecken genügen. Dazu muss die Kunst beherrscht werden, einen veränderlichen Prozess zu kontrollieren und damit zu normieren. Das wiederum ist eine Frage handwerklicher Geschicklichkeit! So lassen sich denn Uhren herstellen, die untereinander vergleichbar sind. Ein solcher Prozess kann eine tropfende Faulfrucht sein, fallender Sand in der Eieruhr, das Schwingen einer Unruh oder eines Quarzes, das Pulsieren eines Lichtteilchens, das von einem angeregten Atom ausgesendet wird.[41]

Jetzt stellt sich natürlich die Frage nach dem Zweck von Uhren. Warum sind sie in unserer Gesellschaft so wichtig geworden? Und wo nahm der Uhrenwahn seinen Anfang? Die Antworten sind überraschend.

Die Geißel des heiligen Benedikt
Das Diktat der Uhr und die Pinkelpause

Mit meinem Freund Martin Weinmann teile ich die Leidenschaft für eine Stadt, in der sich in wunderbarer Weise das Alte mit dem Neuen mischt. Eine Zeitlang war es für uns unverbrüchliche Tradition, Lissabon im Herbst einen Besuch abzustatten. Unweit von Lissabon liegt das Städtchen Sintra. Dieses nennt zwei Attraktionen sein Eigen, die im selben Verhältnis zueinander stehen wie Paradies und Fegefeuer, je nachdem ob man eher pietistisch oder dionysisch veranlagt ist. Die eine ist ein Palast, die andere ein Kapuzinerkloster. Der Palast in Sintra hat eine bemerkenswerte Form. Man gewinnt den Eindruck, dass er einzig zum ungehemmten Schlemmen errichtet wurde. Dort wo normale Paläste Zinnen haben, hat der in Sintra zwei Schornsteine. Diese Schornsteine hatten ursprünglich die Funktion, eine gigantische Bratstelle im Tafelsaal zu entlüften, die so groß ist, dass man ohne Probleme einen Wasserbüffel am Stück hätte zubereiten können. Im völligen Gegensatz dazu ist der Convento dos Capuchos ein Ort der weltlichen Entbehrung. Beim Blick in die Zellen mutmaßt man, dass die Mönche früher kaum größer gewesen sein können als Schimpansen. Weit gefehlt. Die Mönche hatten eine normale Körpergröße. Es galt ihnen aber als Sünde, im Liegen zu schlafen. Zusammengefaltet wie ein Fötus kauerten sie in ihren winzigen Zellen und lobten den Herrn. Betritt man nach dem Besuch benommen die Freiheit, hat das Kloster eine weitere Steigerung zu bieten, die Höhle des Eremiten Honorio. Das

Wort Höhle ist in diesem Zusammenhang allerdings eine Übertreibung, denn es handelt sich um einen schmalen Felsspalt zwischen zwei größeren Felsbrocken. In diesem Spalt, in den sich ein ausgewachsener Mensch nur mit Mühe zwängen kann, hauste Honorio dreißig Jahre. Glaubt man den Chronisten, hat er ihn nie verlassen. Warum tut sich ein Mensch das an? Der Heilige bestrafte sich damit für einen sündigen Gedanken. Er hatte an eine nackte Frau gedacht, und in seiner einzig dem Herrn geweihten Seele war ein schwaches Verlangen erwacht.

Da der sonderbare Convento dos Capuchos zu den Franziskanern gehörte, assoziierte ich immer nur diese mit Schmerz und Entbehrung. Als ich dann erfuhr, dass Uhren, die das Leben regeln, zum ersten Mal in Klöstern aufgestellt wurden, war mir sofort klar, dass diese Form frommer Pflichterfüllung nur von einem Franziskaner erdacht worden sein konnte. Ein schwerer Denkfehler! Überrascht musste ich feststellen, dass wir den pausbäckigen Benediktinern, die uns von den Etiketten der Bierflaschen anlächeln, nicht nur Geheimnisse der Braukunst und sorgsam gepflegte Kräutergärten verdanken, sondern auch den mit der Uhr überwachten Stundenplan! Es war nämlich nicht der heilige Franziskus, sondern Benedikt von Nursia, der mit seinen Ordensregeln eine Revolution in Gang setzte, die uns bis zum heutigen Tag mitreißt und für alle Zeiten aus Arkadien vertrieben hat.[42] Diese Revolution ist so tiefgreifend, dass Benedikt neben Jesus und Pythagoras vermutlich zu den Menschen gehört, die unser westliches Leben mit der größten Nachhaltigkeit geprägt haben.[43]

Benedikt von Nursia war ein Planungsfanatiker, der sogar die Pinkelpausen dem Diktat der Uhr unterwarf. Überraschenderweise ist somit mein im Kern agnostischer Vater ein moderner Wiedergänger des regelwütigen Heiligen.

Die zeitlich gemanagte Pinkelpause liest sich in der Benediktsregel übrigens wie folgt:

»(Man setze) die Zeit so fest, dass auf die Feier der Vigilien eine kleine Pause folgt, in der die Brüder für natürliche Bedürfnisse hinausgehen.«

Ansonsten wurden die Mönche angewiesen, in ihren Kleidern zu schlafen, um unverzüglich dem Herrn dienen zu können. Benedikt forderte kategorisch:

»Die Mönche seien stets *bereit*! Wenn das Zeichen gegeben wird, stehen sie unverzüglich auf und beeilen sich, einander zum Gottesdienst zuvorzukommen.«

Wie einem heutigen Manager war Benedikt Zeitverschwendung ein Gräuel. Die Zeit gehörte Gott und jede Sekunde war kostbar: Pinkeln, den Kopf rasieren, den Herrn preisen und die Mahlzeiten zu sich nehmen, alles hatte seinen von Benedikt festgesetzten Zeitpunkt. Um diesen rigiden Stundenplan einhalten zu können, brauchte man verlässliche Zeitmesser. Deshalb waren es die Benediktiner, die die ersten Uhren mit Hemmung erfanden. Da die Ordensregeln für alle Benediktinerklöster verbindlich waren, war es darüber hinaus notwendig, gleichlaufende, also normierte Uhren zu bauen. Diese schlugen alle zur rechten Zeit die Stunden.

Was ist daran revolutionär? Die Idee, den Tag in Stunden zu unterteilen, war eigentlich bekannt und schon in vorchristlicher Zeit gebräuchlich gewesen. Auch die Römer hatten den Tag in Horen eingeteilt. Im Mittelalter aber hat das Konzept der Stunden keine Rolle mehr gespielt. Diese mittels Uhren anzeigen zu lassen und darüber hinaus mit Tätigkeitsgeboten zu verbinden, das war absolut neu.

Genauso wie in unserer Südseegeschichte wird die Funktion einer Uhr in der abgeschlossenen Welt der Klöster offensichtlich: Es geht nicht darum, *die* Zeit zu messen. Es geht darum, Maschinen so zu konstruieren, dass verschiedene Menschen ihre Handlungen aufeinander abstimmen können.

Der heilige Benedikt schlug den ersten Funken. Bis es zum Flächenbrand kam, verging noch ein wenig Zeit.

Tick und tack
Der Sekundenschlag erobert die Welt

Das Geheimnis der klösterlichen Uhren blieb der Außenwelt nicht verborgen. Für jede Stadt, die etwas auf sich hielt, wurde es nach einiger Zeit zum Gebot der Stunde, nicht nur einen repräsentativen Kirchenbau zu besitzen, sondern auch eine öffentliche Uhr.

Damit kam die messbare Zeit in das Blickfeld der Kaufleute, die begriffen, dass sich mittels der Uhren Fertigungsprozesse effizienter gestalten lassen. Doch zumindest am Anfang hatten sie die Rechnung ohne die mittelalterliche Einstellung zur Arbeit gemacht. Zu dieser Zeit gab es noch kein calvinistisches Leistungsethos. Der Handwerker bekam einen Auftrag, und es war weitgehend seine persönliche Entscheidung, wann er diesen abschloss. Es war nicht unüblich, die Arbeit für unbestimmte Zeit zu unterbrechen und mit den Freunden ausgiebig zu zechen. Diese Menschen in eine Manufaktur zu zwingen, wo nach dem Schlag der Uhr gearbeitet wird, war anfangs ein aussichtsloses Unterfangen. Die Arbeiter kamen und gingen, wie es ihnen beliebte, und eine Belegschaft musste nicht selten binnen Wochen vollständig ausgetauscht werden. Folgerichtig begaben sich die Unternehmer dorthin, wo die Not am größten war. Doch selbst in Schottland, das zu Beginn der Textilproduktion sehr arm war, weigerten sich die Arbeiter, dem Diktat der Uhr zu gehorchen. Erst als in Irland eine schlimme Hungersnot ausbrach und viele Iren nach England und Schottland flüchteten, konnte man diese dazu bringen, halbwegs regelmäßig zu arbeiten. Diese für den kapitalistischen Unternehmergeist unbefriedigende Situation änderte sich erst, als man Kinder für die Fabrikarbeit »entdeckte«. Abhängig, billig, anspruchslos und leicht beeinflussbar, waren sie genau die Arbeiter, die man sich wünschte.

So begann ein Prozess, der sich immer mehr verselbständigte und bis heute nicht zum Abschluss gekommen ist.

Bezahlte Arbeitszeit gehört betriebswirtschaftlich zu den Kosten und bestimmt mit, welche Gewinne durch den Verkauf eines Gutes oder einer Dienstleistung auf dem Markt erzielt werden können. Da Produkte und Dienstleistungen auf einem freien Markt miteinander in

Wettbewerb stehen, gibt es für den Unternehmer, im Bemühen, mit seinen Preisen konkurrenzfähig zu bleiben, einen permanenten Selektionsdruck. Dieser führt dazu, Produktionsprozesse immer effizienter zu gestalten. Er wird umso extremer, je mehr Anbieter sich auf dem Markt tummeln. Vor zweihundert Jahren konnte es den Menschen in Deutschland noch egal sein, was die Herstellung einer Vase in China kostete. Heute ist es das nicht mehr, da Transport- und Kommunikationswege ein die Welt umspannendes Netz bilden. Aus diesem Grund stehen wir heute in einem globalen Konkurrenzkampf, von dem auch Deutschland nicht verschont bleibt.

Was als Schrulle eines Mönchs begann, hat sich mittlerweile zu einem Moloch gewandelt, vor dem es kein Entrinnen zu geben scheint und der sich eine Kultur nach der anderen einverleibt. Wer heute handlungsfähig bleiben möchte, kommt nicht umhin, sich den Spielregeln des Marktes zu unterwerfen. Zu diesen Spielregeln gehört es, zu konkurrenzfähigen Preisen zu produzieren. Das übt einen gewaltigen Druck auf alle Beteiligten aus. Gleichzeitig gibt es aber auch einen Sog, der zum Konsumieren einlädt. Der Konkurrenzkampf führt in vielen Bereichen zu fallenden Preisen, sodass der Kunde als Käufer von dieser Entwicklung profitiert. Leider gehört zu diesem marktwirtschaftlichen Mechanismus auch eine Ideologie, die mit ihm transportiert wird: Man arbeitet hart, um sich dann für die erlittenen Mühen durch Konsumieren zu belohnen.[44]. Wie erstrebenswert diese Ideologie ist, wird uns täglich in der Werbung vorgeführt. Leider führt diese Primitivphilosophie der modernen Welt dazu, dass alte Kulturen, die man als Jahrtausende währende Versuche auffassen kann, in bestimmten Lebensräumen zu überleben, in atemberaubender Geschwindigkeit erodieren. Mir persönlich kommt das Verschwinden unterschiedlicher Weltanschauungen noch bedrohlicher vor als das Artensterben.

Um weiter zu veranschaulichen, welche Rolle die Uhr in dem steten Bemühen spielt, die Effizienz zu steigern, werfen wir den Blick auf einen Bilderbuchkapitalisten, den Amerikaner Frederick W. Taylor. Dieser war wie schon der heilige Benedikt von dem Wahn besessen, keine Zeit zu verschwenden und Arbeitsprozesse zu optimieren. Das forderte er nicht nur von sich selbst, sondern auch von seinen Angestellten. Von der Frühe bis in die späte Nacht lief er mit einer Stoppuhr in der Hand umher, um zu messen, wie lange bestimmte Arbeitsschritte dauern. Dann überlegte er, wie sie sich verbessern ließen, um endlich verbindliche Zeitnormen für alle denkbaren Handgriffe aufzustellen, die dem Arbeiter vorschrieben, was in welcher Zeit zu leisten ist. Interessanterweise wurde in diesem Zusammenhang auch ausgiebig untersucht, wie sich ein Kühlschrank schnellstmöglich ein- und ausräumen lässt. Da diese Frage dem Spülmaschinenproblem verwandt ist, lässt sie sich nicht optimal beantworten, und der pedantische Zeitsparer hatte seine Zeit verschwendet.

Der Kapitalist Taylor war übrigens der geistige Vorläufer der Fließbandproduktion, der industriellen, mechanisierten Massenfertigung. Da ungenutzte Maschinen und Arbeiter, die nichts zu tun haben, ein Unternehmen viel Geld kosten, besteht ein ökonomischer Zwang, Fertigungsprozesse mit Uhren zu synchronisieren und noch weiter zu optimieren. Was mit der Fließbandfertigung des Ford-T-Modells begann, hat heute eine letzte Steigerung erfahren, da auch noch weltweite Warenströme, Transporte und Lagerungen koordiniert werden müssen. Möglich ist das nur über Zeitgeber, die allen Menschen zur Verfügung stehen und die immer exakter in Gleichlauf gebracht werden.[45]

Bevor wir nun umreißen, was die »konstruierte Zeit« in der Wissenschaft für eine Bedeutung hat, noch ein letztes Wort zum heiligen Benedikt, der durch sein revolutionäres Zeitkonzept der Kirche ihr eigenes Grab schaufelte.

Um das zu verstehen, werfen wir kurz einen Blick auf eine andere Form der Zeitmessung – die kalendarische.

Mein Wuppertaler Opa sagte immer, wenn er etwas über einen Menschen erfahren wolle, dann schaue er auf seine Schuhe. In vergleichbarer Weise könnte man sagen, dass man viel über eine Gesellschaft erfährt, wenn man ihren Kalender unter die Lupe nimmt. Ein Kalender ist ja so etwas wie eine sich über das Jahr hinziehende Liturgie, in welcher vorgegeben wird, wann wer etwas zu tun hat. Man kann stark vereinfachen und behaupten, dass diejenigen, die bestimmen, wann Menschen zu ruhen, zu feiern, zu trauern, zu opfern, zu fasten oder zu arbeiten haben, in dieser Gesellschaft den größten Einfluss besitzen.

Vielleicht macht es Ihnen Spaß, unter diesem Blickwinkel ein Profil unseres Landes zu erstellen. Bei Ihrer

Untersuchung wird herauskommen, dass die Kirche in unserem Land immer noch eine sehr große Rolle spielt, im Gegensatz beispielsweise zu den Kindern. Ein Feiertag der kindlichen Phantasie? Weit gefehlt. Trotzdem muss man feststellen, dass die profane Zeit der Fertigungsprozesse der heiligen Zeit der Kirche beharrlich das Wasser abgräbt. Maschinen, die stehen, produzieren nichts und amortisieren deshalb nur langsam ihre teils immensen Anschaffungskosten. Wenn es nun andere Länder gibt, die ihre Maschinen laufen lassen, während wir in die Kirche oder zum Tennisspielen gehen, dann werden uns die Preise der Produkte über kurz oder lang ein Problem bereiten. Wir können uns entschließen, die Produktion aufzugeben, sie dorthin zu verlagern, wo mehr gearbeitet wird, oder gleichfalls einen Ruhetag zu einem Arbeitstag zu machen. Auf die letztere Weise werden die kalendarischen kirchlichen Feiertage, die für die Erhaltung der Religionen substanziell sind, immer weiter schrumpfen. Eine Entwicklung, die Benedikt von Nursia eingeleitet hat, deren Folgen ihm aber sicher nicht willkommen gewesen wären.

Die Zeit, die man auf einer Uhr abliest und die fast alle Menschen für die wesentliche Zeit halten, spielt nun nicht nur im Wirtschaftsleben eine Rolle. Auch die moderne Wissenschaft ist ohne »konstruierte Zeit« nicht denkbar. Besuchen wir deshalb jetzt Galileo Galilei in seinem »Renaissance-Labor«, um die Bedeutung der Uhr für das wissenschaftliche Experiment zu verstehen.

Galilei war nicht nur daran interessiert, ob sich die Erde um die Sonne dreht. Er wollte auch wissen, wie eine

Kugel eine schiefe Ebene hinunterläuft. Von welchen Größen ist ihre Fallgeschwindigkeit abhängig? Was sich heute wie eine einfache Frage anhört, war zu Zeiten Galileis eine große Herausforderung. Das moderne Konzept der Geschwindigkeit gab es zu seiner Zeit noch nicht. Erst die Nachgeborenen Isaac Newton und Gottfried Wilhelm Leibniz fassten es mathematisch exakt. Doch schon Galilei wusste, dass man in diesem Zusammenhang Zeiten und Längen messen muss. Halbwegs funktionierende Maßstäbe waren bei der Hand, aber gute Uhren? Diese wurden erst später gebaut. Doch Galilei verzweifelte nicht. Er versuchte, das Beste aus der Situation zu machen. Immer wenn er die Kugel oben auf der Ebene losließ, summte er ein Kinderlied und merkte sich, an welcher Stelle er war, wenn die Kugel unten ankam. Danach benutzte er seinen Pulsschlag als Zeitmesser, ein leider auch nicht wirklich verlässliches Instrument, vor allen Dingen nicht im Augenblick wissenschaftlicher Erregung. Noch später kam ihm der Zufall zuhilfe. Angeblich gab es einen Erdstoß, der einen Kronenleuchter zum Schwingen brachte. Galilei stellte fest, dass er unabhängig von der Auslenkung immer mit derselben Frequenz schwang. Wie er das ohne bereits funktionierende Uhr festgestellt haben soll, bleibt ein Rätsel der Wissenschaftsgeschichte. Auf jeden Fall entdeckte Galilei das Pendel als Zeitmesser, wobei es jedoch erst dem holländischen Physiker Christiaan Huygens gelang, auf der Grundlage einer solchen Schwingung eine Uhr zu konstruieren, die diesen Namen auch verdient.

Trotzdem brachte das Genie es fertig, mit seinen archaischen Messmethoden erste einfache Bewegungsgesetze abzuleiten. Doch woher weiß man eigentlich, ob diese Gesetze »richtig« sind? Das ist die Schlüsselfrage. Um sie zu beantworten, müssen wir uns mit einem wissenschaftstheoretischen Wortungeheuer beschäftigen, dem wir aber sofort die Zähne ziehen wollen. Die Wissenschaften sind als Erkenntnisstrategie so erfolgreich, weil sie »eine transsubjektive Reproduzierbarkeit« zulassen.[46] Das unterscheidet sie zum Beispiel vom esoterischen Wissen. Ein brasilianischer Freund ist der festen Überzeugung, dass es sieben Ebenen der Wiedergeburt gibt und dass wir Erdenbewohner zudem von einer unsichtbaren Zivilisation gesteuert werden, die auf dem Mars heimisch ist. Auf meine Frage, woher er das wisse, antwortete er: »Das weiß ich eben.« Eine solche »Argumentation« ist das Gegenteil von Wissenschaft, da sie die unvoreingenommene Überprüfung eines subjektiven Glaubens nicht zulässt. Das sieht im Falle eines galileischen Experiments anders aus, vorausgesetzt, man ist ein versierter Handwerker! Wenn der Gelehrte sagt, dass eine runde Kugel vom Gewicht g eine schiefe Ebene der Länge l, die mit einem Winkel w aufgestellt ist, in einer Zeit t von oben nach unten rollt, dann kann diese Aussage jeder überprüfen, der in der Lage ist, eine runde Kugel und eine Ebene mit festgesetzter Länge herzustellen. Zudem muss er fähig sein, Winkel zu messen, Massen zu wiegen und eine wie auch immer geartete Uhr zu bauen. Damit schließt sich der Kreis zur Südseegeschichte, zum Stundenschlag der Klöster und zu den Stechuhren der Fabriken. Erneut sind wir mit der Aufgabe konfrontiert, gleichlaufende »Zeitmesser« zu bauen, neben den ganzen anderen Messapparaturen, die für das wissenschaftliche Experimentieren notwendig sind. Allein dieser Umstand erlaubt es, dass Experimente von anderen Menschen nachgemacht und somit überprüft werden können. Das ist mit dem Wortungeheuer der »transsubjektiven Reproduzierbarkeit« gemeint. Wir sehen also, dass ohne das Wissen, wie Messinstrumente hergestellt werden können, die in ihrem Funktionieren vergleichbar sind, weder eine wirtschaftliche noch eine wissenschaftliche Entwicklung denkbar ist.[47]

Fassen wir kurz zusammen, welche wichtige Bedeutung Uhren für uns haben: Uhren dienen nicht nur dazu, eine globale Welt unüberschaubarer Komplexität im Nanosekundentakt zu koordinieren. Bezahlte Arbeitszeit ist gleichzeitig ein Grundpfeiler unseres Wirtschaftssystems (»Time is money« Benjamin Franklin). Darüber hinaus gehört die Sekunde zu den elementaren Grundgrößen der Physik. Sie lässt sich mittels Atomuhren genau festlegen, wenn auch diese Definitionsbemühungen nicht ohne Widersprüche sind. Diese ultragenauen Uhren sind schließlich in fast allen physikalischen Experimenten von fundamentaler Wichtigkeit. Damit sind Uhren unabdingbare Voraussetzung von Wirtschaft und Wissenschaft, zwei Eckpfeiler unserer Kultur, die zu allem Überfluss auch noch in einer dynamischen Wechselbeziehung stehen. Ist es vor diesem Hintergrund nicht naheliegend, Zeit für Uhrzeit zu halten, *die* Zeit mit dem zu verwechseln, was wir auf einem Ziffernblatt ablesen, und Effizienzüberlegungen aus der Wirtschaft auf das persönliche Dasein zu übertragen? Doch was ist der Preis, den wir dafür zahlen?

Das Zeitparadoxon
Vergangenheit, Gegenwart und Zukunft –
eine seltsame Dreiecksbeziehung

Das Leben mittels einer Uhr zu verwalten, wird heute geradezu in den Rang einer Kunst erhoben. »Zeitmanagement« lautet das Schlagwort der Stunde, und Knappheit von Zeit ist zum Statussymbol geworden: Über ungeplante Zeit verfügt nur der Nichtsnutz. Getriebene Geschäftsleute planen Meetings im Viertelstundentakt und essen nur in Restaurants, die einen Internetzugang haben. So ist es möglich, während des Essens noch schnell die Emails zu erledigen. Man bildet sich dann auf dem Fahrradergometer im Fitnessclub weiter, mittels ausgewählter Hörbücher, die auf dem iPod abgespeichert sind. Schade, dass die verbleibenden vier Stunden Schlaf nicht noch besser genutzt werden können.

Doch betrügt man sich auf diese Weise nicht um sein Eigenes Leben? Spart man wirklich Zeit, wenn man, um ein Beispiel zu nennen, auf der Strecke von Stuttgart nach Köln eine Stunde weniger braucht, da man das Gaspedal des Sportwagens bis zum Bodenblech durchtritt? Ist es nicht eher so, dass man Zeit verliert, wenn die Nerven bei Höchstgeschwindigkeit zum Zerreißen gespannt sind, ganz im Gegensatz zu demjenigen, der genussvoll reist und sein Ziel entspannt erreicht?

Mit dem scheinbaren Widerspruch, dass man Zeit gewinnt, wenn man langsam reist, kommen wir zur Beziehung von »konstruierter« und »gefühlter Zeit«. Vordergründig scheint die »gefühlte Zeit«, der Eindruck, wie lange etwas dauert, im aufreibenden Leben der Erwachsenen keine besondere Rolle zu spielen. Kinder, berufliche Anspannung, Freizeitstress nähren das Bedürfnis, sich straff zu organisieren, und das Hilfsmittel der Wahl ist die Uhr. Die »gefühlte Zeit« bestimmt unsere Lebensqualität aber in weit stärkerem Maße, als wir glauben. Spätestens in der Lebensmitte, wenn der Blick von der Gegenwart immer öfter in die Vergangenheit schweift, stellt sich ein merkwürdiges Gefühl des Unwohlseins ein. Ohne es genau erklären zu können, spürt man, dass Zeit nicht mehr dasselbe ist wie in der Kindheit. Lag früher zwischen Weihnachten und Weihnachten eine Ewigkeit, schrumpft dieser Zeitraum für die meisten älteren Menschen zu einem Nichts. Und gerade das immer schneller erscheinende Auftreten gleichartiger Ereignisse – denken Sie an Weihnachten, Geburtstag oder die obligatorischen Ferien – führt uns vor Augen, dass wir mit beschleunigtem Schritt dem eigenen Grab entgegengehen. Was ist da los? Wie kann das sein in einer Welt der Uhren, die völlig gleichmäßig den Takt schlagen?

Die Ursache für die sich verändernde Zeitwahrnehmung ist die, dass »gefühlte Zeit« mit Uhrzeit nur wenig zu tun hat. Die »gefühlte Zeit« ist eben keine tickende Mechanik, sie ist das Resultat eines persönlichen Blickwinkels und hängt deshalb davon ab, mit welchen Augen wir die Welt betrachten.

Wie kommt es nun, dass die auf der Uhr gemessene Stunde einmal verfliegt, während sie das andere Mal kriecht? Das sogenannte »subjektive Zeitparadoxon« bietet eine Antwort an, wobei es über das von Einstein vorgelegte Ofenbeispiel noch hinausgeht. Es stellt nämlich auch zur Diskussion, wie wir die in der Gegenwart erlebte Zeit in der *Rückschau* bewerten. Haben wir in dieser das Gefühl, dass viel Zeit vergangen ist, oder kollabiert sie?

Gleich wird klar, warum dieses Paradoxon »Paradoxon« heißt: Gefühlte Gegenwart und erinnerte Vergangenheit scheinen nämlich in einem widersprüchlichen Verhältnis zu stehen. Es stellt sich heraus, dass beispielsweise in Momenten der Versenkung, wenn wir das Vergehen der Zeit gar nicht bemerken, sich diese in der Rückschau geradezu aufbläht. Ganz anders die in der Gegenwart empfundene Langeweile, welche sich im Rückblick zu einem Nichts verflüchtigt. Die Zeit scheint zu rasen. Das Leben fliegt an uns vorüber.

Jetzt beginnen wir zu ahnen, was das Geheimnis des kindlichen Zeitgefühls ist. Schon im Kapitel über das Lernen sahen wir, dass das menschliche Hirn gierig, um nicht zu sagen süchtig nach Neuem ist. Schließlich werden wir mit endogenen Drogen belohnt, wenn wir etwas Neuartiges entdecken. Jetzt fragen wir uns, in welcher Beziehung »gefühlte Zeit« und Neugier stehen. Wir versuchen, eine Antwort zu finden, indem wir einen Blick auf die Sprache werfen, in der viel Wissen geborgen liegt. Die Beziehung von »gefühlter Zeit« und Neugier wird transparent, wenn wir das englische Wort für »neugierig« unter die Lupe nehmen. »Neugierig« wird mit »curious« übersetzt. »Curious« bedeutet aber auch so viel wie »seltsam«, »sonderbar«, »wunderlich« und »merkwürdig«. Gerade »merkwürdig« ist in unserem Zusammenhang ein des Merkens würdiges Wort, vor allen Dingen, wenn wir jetzt ein wenig mit den genannten Konnotationen spielen! Merkwürdig ist für uns das, was uns seltsam, sonderbar und wunderlich vorkommt. »Merken« hat nun wortgeschichtlich etwas mit »Marke« und »markieren« zu tun. Damit ist »merkwürdig« nicht automatisch dasselbe wie suspekt! Ins Positive gewendet kann man sagen, dass damit Dinge und Ereignisse gemeint sind, die es *würdig sind, in unserem Hirn gemerkt* zu werden, also eine Marke zu hinterlassen.[48]

Lassen wir den Klang von »Neugier« und »merkwürdig« nachschwingen, dann verstehen wir, dass diese Worte uns einen Zugang zur kindlichen Welt schaffen und gleichzeitig das »subjektive Zeitparadoxon« erhellen.

Für das Kind ist alles neu und deshalb des Merkens würdig. Dieser Prozess ist mit der Lust verbunden, die Welt zu entdecken, und die Freude am Neuen hat eine fast rauschhafte Qualität. Kinder sind beim Entdecken der Welt so gefangen, dass sie das Vergehen der Zeit in der erlebten Gegenwart aus dem Bewusstsein ausblenden. In der Rückschau allerdings dürfen sie sich über eine reiche Ernte freuen. So viele Erlebnisse haben eine Marke hinterlassen, dass ihnen die Zeit ausgesprochen erfüllt und lang vorkommt.

Die »gefühlte Zeit« der Erwachsenen aber hat eine ganz andere Qualität. Routinen haben sich in das Leben geschlichen. Die Gegenwart wird als ereignislos langweilig empfunden, während man sich in der Rückschau eigentlich nicht erinnern kann, was man getan hat. Ein schönes Beispiel für diese Spielart des Zeitparadoxons ist die sogenannte »Pendleramnesie«. Der Wunsch, ein Häuschen im Grünen sein Eigen zu nennen, hat verheerende Konsequenzen für das persönliche Wohlergehen, zumindest bei den Bewohnern, die gezwungen sind, täglich von zuhause zur Arbeit und wieder zurück zu fahren. Man hat nämlich festgestellt, dass genervte Berufspendler im Stau eine Konzentration von Stresshormonen im Blut haben, die höher ist als die von Jagdbomberpiloten im Einsatz. Noch erstaunlicher ist aber, dass die Autofahrten wie von Geisterhand aus der Erinnerung getilgt werden. Wer denkt da nicht direkt an die Zeitdiebe aus dem Kinderbuch *Momo*? Angenommen, Sie fahren täglich eine Stunde zur Arbeit und eine wieder zurück. Dann fehlen Ihnen jede Woche zehn Stunden bewusster Erinnerung. Wenn Sie das nun über den Daumen peilen, stellen Sie erschüttert fest, dass sich in einem normalen Berufsleben zwei ganze Jahre spurlos aus der Erinnerung schleichen.

Halten wir an dieser Stelle fest, dass langweilige Routinen am schnellsten aus unserer autobiografischen Erinnerung verschwinden. Der Psychologe Douwe Draaisma, der ein bemerkenswertes Buch über das Gedächtnis geschrieben hat, drückt das sehr pointiert aus: »Wenn Sie einen super Date hatten, perfekten Wein, perfekte Unterhaltung, dann rate ich Ihnen: Tun Sie's nie wieder.«[(49)]

Doch was sollen wir machen gegen diese gleichmacherischen Zwänge der Routine? Es ist doch zwangsläufig, dass für einen Erwachsenen, der auf eine lange Erfahrung zurückblickt, das Leben nicht mehr so unverbraucht und frisch daherkommt wie für ein Kind. Der Zauber des

»ersten Mals« liegt weit zurück. Das erste Mal im Zirkus, die ersten Ferien am Meer, der erste Schultag, der erste Kuss, all das hat sich tief ins Gedächtnis eingegraben. Die dann folgenden Wiederholungen dieser Schlüsselerlebnisse beginnen rasch ihre scharf umrissenen Konturen zu verlieren. Zudem machen die Zwänge von Berufs- und Familienleben Routinen ja notwendig. Sind wir deshalb diesen Zeitfressern auf Gedeih und Verderb ausgeliefert? Ja und nein.

Wie wir im Kapitel über das Lernen gesehen haben, machen verschiedene Menschen in der Wiederholung ganz unterschiedliche Erfahrungen. Ein Mann wie Herr A. spult ein Programm ab und bekämpft die Langeweile mit Disziplin. Ein anderer wie Dudu Tucci spürt in der Wiederholung die persönliche Veränderung und ist deshalb in der Lage, ihr einen Genuss abzugewinnen. Es ist offensichtlich, dass sich diese Menschen auch in ihrer Zeitwahrnehmung unterscheiden.

Ein weiterer Punkt, der mit dem persönlichen Blickwinkel und deshalb mit der »gefühlten Zeit« in Zusammenhang steht, betrifft die Bereitschaft, Routinen jeglicher Art zu hinterfragen und bei Bedarf und Möglichkeit durch Neues zu ersetzen. Schließlich sind zwar einige Routinen im Leben notwendig, aber längst nicht alle. Warum bleiben wir trotzdem an den meisten kleben? Damit sind wir wieder beim Anfang des Buches, beim Mut zum Fragen. Die Bereitschaft, Dinge merkwürdig zu finden und deshalb klärende Fragen zu stellen, ist eine vor allen Dingen kindliche Tugend. Später, wenn unser Leben langsam aushärtet, werden schlechte Antworten wichtiger als gute Fragen. Für richtig gehaltene Einsichten schlagen sich in Handlungsroutinen nieder und ersparen uns die mühselige Arbeit, das Leben gemäß neuen Erkenntnissen immer wieder neu organisieren zu müssen. Doch diese brüchige intellektuelle Sicherheit hat eine Kehrseite. Die Illusion, für alles und jedes eine wenn auch dürftige Erklärung zu besitzen und »Merkwürdigkeiten« im obengenannten Sinne nicht mehr zur Kenntnis zu nehmen, hat zur Folge, immer nur Altbekanntem zu begegnen. Damit verliert das Leben seinen Zauber. Dieser Verlust führt in der Gegenwart zu quälender Langeweile, da das Gehirn unterbeschäftigt ist. In der Rückschau kollabiert die Langeweile dann zu einem Nichts, da es ja nichts mehr gibt, was sich zu merken lohnt. Das Gefühl, dass die Zeit rast, ist deshalb der Preis für die Illusion, sich kompetent zu fühlen.

Welche Konsequenzen sollen wir Zeitschizophrene abschließend ziehen? Wie können wir in der Mixtur der unterschiedlichen Zeitbilder die für unsere Lebensqualität so entscheidende »gefühlte Zeit« aufwerten? Wie sollen wir uns ein kindliches Zeitgefühl erhalten, wenn ohne Zweifel der Zwang besteht, sein Leben zu organisieren?

Die erste Konsequenz muss sein, der Uhr den Stellenwert zuzuordnen, der ihr zukommt. Wir haben gesehen: Die Uhr ist eine von uns konstruierte Maschine, die in Wirtschaft und Wissenschaft wichtig ist und uns zudem helfen soll, unser Leben mit dem anderer zu koordinieren. Nicht mehr und nicht weniger! Damit begreifen wir eine Uhr als das, was sie ist: als Werkzeug, aber nicht als Verkörperung »der Zeit«. Mit der realistischen Einschätzung der »konstruierten Zeit« könnten wir uns nun trauen, der »gefühlten Zeit« in unserem Leben einen anderen Stellenwert zuzuordnen. Über das subjektive Zeitparadoxon steht die »gefühlte Zeit« ja in unmittelbarer Beziehung zur Erinnerung. Dabei kann die Wichtigkeit der Erinnerung in diesem Zusammenhang nicht hoch genug eingeschätzt werden! Der bekannte Gedächtnisforscher Daniel L. Schacter nennt sein wichtigstes Buch *Wir sind Erinnerung*.[50] Das ist nicht übertrieben. Erinnerung und persönliche Identität sind dasselbe: Ohne Erinnerung gibt es kein Ich. Welch dramatischen Auswirkungen der Verlust des Gedächtnisses hat, sehen wir bei Alzheimerpatienten, die sich ihrem Umfeld und sich selbst vollständig entfremden. Die schrittweise Auslöschung einer Persönlichkeit ist ein für alle Beteiligten grauenhafter Prozess.

Wenn wir nun akzeptieren, dass Erinnerung und damit die »gefühlte Zeit« von so großer Bedeutung sind, wie sollen wir es da anstellen, diese statt der »konstruierten« in den Lebensmittelpunkt zu rücken?

Wagen zu fragen
Zeit und der Mut, ein anderer zu werden

Wie gesehen, wird die »gefühlte Zeit« von Neuigkeiten, von Merkwürdigkeiten genährt. Das ist der Punkt, an dem wir den Hebel ansetzen müssen. Doch mit neugierigen Erwachsenen ist das leider so eine Sache. Ein Kind, das leidenschaftlich die Welt erkundet, alles und jedes infrage stellt und mit seinem Wissensdurst die Eltern fordert, manchmal überfordert, wird gerne als »neugierig« gelobt. Wenn wir aber von einem »neugierigen Typen« sprechen, dann meinen wir selten einen Menschen, der sich die kindliche Tugend des Staunens erhalten hat. Meist ist damit jemand gemeint, der seine Nase in Sachen steckt, die ihn nichts angehen. Stimmt der Eindruck, dass im positiven Sinne neugierige Erwachsene eine seltene Spezies sind? Woran mag das liegen? Das Vergnügen, neue Dinge zu lernen, birgt immer die Möglichkeit, die eigene Sicht auf die Welt einer Generalüberholung zu unterziehen. Das kann mitunter ein sehr kraft- und zeitraubender Prozess sein, denn leider ist es selten so, dass das neue Weltbild das alte bruchlos verdrängt. Eher spürt man intuitiv, dass die alten Antworten nicht mehr tragen, bevor man neue gefunden hat. Das sind Zeiten der intellektuellen Unsicherheit. Als ich begann, mich im Physikstudium mit der Chaostheorie zu beschäftigen, war ich anfänglich ihr glühender Verehrer, bis mich ausgerechnet beim Verfassen meiner Diplomarbeit erste Zweifel beschlichen, die ich aber schüchtern in einer Randbemerkung versteckte. Von diesem Moment an dauerte es fünf Jahre, bis mir in groben Zügen klar wurde, was mich an dieser wissenschaftlichen Revolution störte, und bis ich endlich auch in der Lage war, meine Kritikpunkte für andere nachvollziehbar zu artikulieren. Diese fünf Jahre der Unsicherheit waren für mich eine intellektuell sehr unbefriedigende Zeit. Ich hatte das Gefühl, vollständig in der Luft zu hängen. Mir war überhaupt nicht klar, ob ich noch einmal auf sicherem Grund stehen würde. Ob die neuen Einsichten nun tragen werden, das wird die Zukunft weisen. Solche Umbruchszeiten bezeichne ich persönlich als »Butterkrebs-Stadien«. Wenn Krebse wachsen, wird ihnen irgendwann ihr schützender Panzer zu eng. Um größer zu werden, müssen sie ihn abstreifen. Damit sind die Tiere eine Zeit lang nackt und ungeschützt. Sie verstecken sich, um nicht zur leichten Beute ihrer Verfolger zu werden. Was dem Krebs sein Panzer ist, ist uns das intellektuelle Korsett. Dieses Korsett ist aus »Antworten« gewebt, mit denen wir glauben anstehende Fragen in zufriedenstellender Weise beantworten zu können. Kinderfrage: »Was war vor dem Anfang?« Scheinantwort Nummer eins eines religiösen Menschen: »Diese Frage macht keinen Sinn. Gott ist die Welt, und Gott ist Anfang und Ende.« Scheinantwort Nummer zwei eines theoretischen Physikers: »Diese Frage macht keinen Sinn, da Zeit nicht eindimensional ist. Nimmt man ihren imaginären Teil dazu, lassen sich geschlossene Zeitschleifen konstruieren.«

Doch das intellektuelle Korsett hilft nicht nur, die Persönlichkeit zu stützen, es nimmt bisweilen auch die Luft zum Atmen. Wer sich aber die Freiheit nicht nehmen lassen möchte, sich neu zu organisieren, muss es immer wieder flicken, manchmal sogar sprengen. Aus diesem Grunde braucht man Mut, neugierig zu sein. Fragen zu stellen, birgt die Gefahr, nicht sofort die richtigen Antworten zu finden. Das ist das Gegenteil von dem, was wir gemeinhin als intellektuelle Souveränität betrachten. Eine gefestigte Persönlichkeit, die weiß, wovon sie spricht, das ist doch etwas anderes als kindlicher Wankelmut! Auf alle Fragen kluge Antworten zu geben, ist ein erstrebenswertes intellektuelles Ziel. Man betrachte nur, mit welcher Inbrunst Wissenschaftler manchmal bis zu ihrem Tod falsche Theorien kultivieren, nur um nicht zugeben zu müssen, sich geirrt zu haben. Eine andere Meinung zu vertreten, wird in diesem Zusammenhang als Angriff auf die eigene Persönlichkeit betrachtet, weshalb nachvollziehbar wird, dass Wissenschaft nicht immer ein kultiviertes Miteinander ist, sondern zuweilen ein von Missgunst und Hass getriebenes Hauen und Stechen.[51]

Dieser gordische Knoten lässt sich nur zerschlagen, wenn wir die Vorläufigkeit unserer Antworten zur Kenntnis nehmen und uns einen Standpunkt zu eigen machen, der dem der illusionären Professoren aus dem Anfangskapitel entspricht. Schülern und Studenten nicht nur Antworten zu geben, sondern selbst auch kluge Fragen zu stellen, signalisiert, gleichfalls Suchender und Lernender zu sein. Richten wir unsere Aufmerksamkeit jetzt wieder auf die Zeit, kommen wir zu der erstaunlichen Einsicht, dass die »gefühlte Zeit« und die Angst, das Gesicht zu verlieren, Gegenspieler sind. Wer Angst hat, Fragen und Unsicherheiten zur Kenntnis zu nehmen, bescheidet sich mit einem Repertoire unzulänglicher Antworten, die den großen Reigen der Phänomene in ein ärmliches Korsett zwängen. Friedrich Nietzsche bezeichnete solche ängstlichen Leute als die, die »Horizonte rund biegen wollen«. Man denke in diesem Zusammenhang nur an die rührenden Bemühungen der katholischen Kirche, die wider besseres Wissen jahrhundertelang nicht zur Kenntnis nehmen wollte, dass die Erde sich um die Sonne dreht. Man denke an die heutigen Kreationisten, die die abstrusesten Hirngespinste erdenken, um die biblische Schöpfungsgeschichte zu retten. Brüder und Schwestern im Geiste ist aber auch die beharrende Masse der Wissenschaftler, die sich mit Händen und Füßen gegen das Neue stemmt. Vergessen wir nicht, dass es vor Einstein einhellige Lehrmeinung war, dass wir alle vom Äther umgeben sind, einem Stoff von unendlicher Härte und perfekter Durchsichtigkeit. Dass wir diesen ungehindert durchqueren können, schien niemanden ernstlich zu stören – genau bis zu dem Moment, wo der kindlich-freche Einstein die Bühne betrat und respektlos ausrief: »Der Kaiser hat gar keine Kleider an!« Eine solche Aussage gegen die geballte Macht des Establishments zu machen, dazu braucht man Mut oder, wie Einstein sagte: Stirn.

So kommen wir am Ende des Kapitels zu der bemerkenswerten Feststellung, dass der Mut zur Neugier und die Angst, sich lächerlich zu machen, in einer direkten Beziehung zur »gefühlten Zeit« und damit zur Fülle der Erinnerung stehen. Einsteins Ofenzitat lehrt uns zwar etwas über die spannungsgeladene Beziehung von Uhrzeit und Zeitempfinden. Den Schlüssel zur »gefühlten Zeit« aber birgt sein Hinweis auf Stirn und Nase. Die Stirn zu haben, seiner Nase zu trauen, ist für Erwachsene die einzige Möglichkeit, sich ein kindliches Zeitgefühl zumindest ansatzweise zu erhalten und so der galoppierenden Zeit Zügel anzulegen.

5. Die Maske der Tollpatschigkeit

Warum sind Kinder bloß so ungeschickt?

Sicher haben Sie schon viele Tierfilme gesehen und sich darüber gewundert, wie beispielsweise eine kleine Giraffe bei der Geburt aus der Mutter geradezu herausfällt, sich kurz berappelt und dann, nach wenigen unsicheren Schritten, so als hätte sie nie etwas anderes gemacht, hinter der Mutter herläuft. Ungelenk auf dem Bauch robben, auf allen Vieren durch die Gegend kriechen und dann monatelang auf unsicheren Beinchen durch die Gegend schwanken? Fehlanzeige. Jede Mutter weiß auch ein Lied davon zu singen, was es bedeutet, wenn kleine Menschen anfangen, mit Messer und Gabel zu essen. Die Waschmaschine läuft rund um die Uhr, und man fragt sich, warum noch niemand farblose Kost für Kleinkinder entwickelt hat. Bis diese Experimentalphase ausgestanden ist, können die Nerven zerrüttet sein, vor allen Dingen, wenn zum Kleckerdesaster noch täglich sich ändernde kulinarische Vorlieben hinzutreten. Frische Saitenwürste wechseln mit dem ausschließlichen Verzehr von Schmelzkäsescheibletten, es folgt eine unerklärliche Vorliebe für Peperoni oder quietschblaues Schlumpfeis, dann endlich der Genuss von in kretischem Olivenöl eingelegtem Schafskäse, der so stark nach Knoblauch riecht, dass man dem Kind immer Zähne und Zunge schrubben muss, bevor man es auf die Allgemeinheit loslässt.

Auch meine Großmutter Lilly weiß noch ein Lied davon singen, was es bedeutet, die Kapriolen kindlicher Lukullik nicht zur Kenntnis zu nehmen. Wie viele Menschen, die Hungersnöte überstanden haben, meinte sie, dass ein Kind in guten Zeiten gemästet werden muss, damit es die schlechten übersteht. Optischer Gradmesser waren für sie die »Rippchen«. Waren diese durch die Haut zu erkennen und lagen noch nicht unter einer ordentlichen Fettschwarte verborgen, musste nachgefüttert werden. Bei den köstlichen Soßen des großelterlichen Sonntagsbratens ließ ich mir das gerne gefallen, nicht aber, wenn Oma mich mit Spiegelei und Rahmspinat abfüllen wollte. Ich sammelte das widerliche Grünzeug in den Backentaschen, bis es mir fast aus den Augen quoll, dann kam es zum Ausbruch. Die Brille meiner Großmutter war von einem zähflüssigen Schleim bedeckt, das Gesicht und das gerade gerichtete Haar grün gesprenkelt. Nach diesem Erlebnis ging Oma vorsichtiger zu Werke.

Ganz anders als wir Menschen verhalten sich zum Beispiel Vögel. Von einer ins Extrem getriebenen Präferenz für bestimmte Käfer und Würmer und damit verbundenen Dramen bei der Fütterung hat bisher kein Ornithologe berichtet. Gegessen wird, was Mutti in den Schnabel steckt. Gut genährt, werden die Kleinen dann flügge und fliegen fast ohne Anleitung aus der Kinderstube, um schließlich, ohne dass sie vorher in die Schule gehen mussten, selbst ein formvollendetes Nest zu bauen. Nach einem von keinerlei Selbstzweifeln beeinträchtigten Liebesspiel werden Eier gelegt, und derselbe Kreislauf beginnt von neuem. Überflüssig zu erwähnen, dass in dieser perfekten Welt Erziehungsratgeber, Super-Nannys und Triple-P-Instruktoren ein Fall für das Arbeitsamt wären.

Man mag gar nicht darüber nachdenken, dass sich einige Vögel auch noch über riesige Strecken an Sternen und Magnetfeldern orientieren können, ohne einen Doktor in der Physik gemacht zu haben, und trotzdem Jahr für Jahr zuverlässig eine Punktlandung hinlegen. Wieder andere verscharren vor dem Winter tausende von Eicheln an verschiedenen Plätzen, die sie im Frühling instinktsicher finden.[52] Alles in den Genen, alles ohne Ausbildung! Läuft da bei uns Menschen irgendetwas falsch? Warum geht das bei uns so unglaublich langsam und umständlich vonstatten?

Erinnern wir zur ersten Orientierung an ein aufschlussreiches Experiment. Dieses war ursprünglich als Tierexperiment konzipiert, bevor es zu einem Menschenversuch mutierte. Die Hauptdarsteller in diesem Experiment hießen Gua und Donald Kellogg.

Gua war ein kleines, siebeneinhalb Monate altes Schimpansenmädchen, Donald ein zehn Monate alter Menschenjunge. Der Experimentator war Donalds Vater,

Winthrop Niles Kellogg, ein damals junger, vermutlich auch ehrgeiziger Psychologe.

Winthrop Niles Kellogg vertrat den Standpunkt, dass der Unterschied zwischen Schimpansen und Menschen vernachlässigbar klein sei, eine These, die auch durch moderne genetische Untersuchungen gestützt wird: Bis auf wenige Zehntel Prozent scheinen die Genome von Menschen und Affen identisch zu sein.

Kellogg meinte, dass die Schimpansen einfach nicht richtig sozialisiert würden. Aus diesem Grund sei wenig erstaunlich, dass sie Affen blieben und keine menschlichen Fertigkeiten entwickelten. Folglich wurde die kleine Gua von der Familie Kellogg adoptiert. Gua bekam die Flasche, musste Schuhe und Strampler tragen, wurde gewaschen und aufs Töpfchen gesetzt, nahm wie Donald die Mahlzeiten im Hochstuhl zu sich, schlief im Schlafanzug im Kinderbett und wurde genauso zärtlich behandelt wie der leibliche Sohn. Zudem trainierte man Gua den aufrechten Gang an, den sie nach anfänglichen Schwierigkeiten mehr oder weniger gut meisterte. Trotz allem war das Resultat niederschmetternd. Herauskam nicht ein menschliches Äfflein, sondern ein äffisches Menschlein.

Wie es sich für einen ordentlichen Wissenschaftler gehört, wurden alle Lernfortschritte sorgsam protokolliert. Vor allen Dingen in den körperlichen Fertigkeiten machte der Schimpanse deutlich schneller Fortschritte. Er sprang und kletterte wild durch die Gegend, was für sein »Geschwisterchen« aber anfangs nicht nachteilig war. Menschen sind schließlich Imitationstalente, und so kletterte Donald bald weit besser als seine Altersgenossen.

Auf den ersten Blick erstaunlich mutet auch die Tatsache an, dass Gua bei Tische besser mit dem Löffel umgehen konnte als Donald. Im Lichte neuerer Forschungsergebnisse ist das jedoch nicht verwunderlich, da die Steuerung der menschlichen Hand unter den Lebewesen einzigartig ist: Der Mensch verfügt über Nervenbahnen, die die Hand mit dem Hirn auf kürzestmöglichem Weg verschalten und anspruchsvolle koordinative Aufgaben wie Schreiben oder Klavierspielen erst möglich machen.[53] Dass dieser äußerst komplexe Mechanismus Zeit benötigt, um zu reifen, ist einsichtig.

Fasst man die Beobachtungen von Doktor Kellogg zusammen, dann stellt man fest, dass Affe Gua am Anfang fast alles besser konnte, und Donald nur meisterlich nachäffte. Während dies beim Imitieren des Kletterns noch vorteilhaft war, wurde es allerdings bedenklich, als Donald die wenigen Worte, die er gelernt hatte, fast gänzlich vergaß und sich stattdessen »Schimpansisch« aneignete. Er begann zu grunzen, zu bellen und zu schreien. Außerdem nagte er wie Gua an seinen Schuhen und leckte Essensreste mit Vorliebe vom Boden ab.

Das Experiment lief aus dem Ruder, und bevor bleibende Schäden zu beklagen waren, wahrscheinlich auch auf sanften Druck von Donalds Mutter, durfte Gua Strampler und Schuhe ausziehen. Er wurde wieder zu den Artgenossen ins Gehege gebracht. Donald überstand diese verrückte Phase seines Lebens übrigens ohne sichtbaren äußeren Schaden. Er wurde nicht der neue Tarzan Amerikas. Nach einer Phase der Resozialisierung ging er zur Schule und anschließend nach Harvard, wo er sogar seinen Doktor machte. Müßig hinzuzufügen, dass Affe Gua trotz aller Bemühungen auch später nicht in der Lage war, seine Käfiggenossen mit Gedichten von Walt Whitman in akzentfreiem Amerikanisch bei Laune zu halten.[54]

Während also Tiere mit genetischen Programmen auf die Welt kommen, die es vielen unmittelbar nach der Geburt erlauben, in der Welt zurechtzukommen oder aber vergleichsweise schnell zu lernen, was für das Überleben wichtig ist, bleiben menschliche Säuglinge sehr lange hilflos, und man hat den Eindruck, dass sie selbst einfach erscheinende motorische Bewegungen umständlich erlernen müssen. Was ist ein ungelenker Sprung von einer Treppenstufe im Vergleich zu den Flugkunststücken eines Mauerseglers?

Auffällig aber ist, mit welcher Inbrunst Kinder durch Imitieren lernen, wie sie von ihrem ganzen Verhalten her auf ihr jeweiliges Umfeld ausgerichtet sind. Überhaupt hat man den Eindruck, dass ein menschliches Kind mit menschlichen Fähigkeiten ohne menschliches Umfeld gar nicht existieren kann.

Welch katastrophale Folgen es hat, wenn dieses Umfeld ein anderes ist, wird deutlich, wenn man sich mit den Geschichten über die »wilden Kinder« beschäftigt.[55] Solche gibt es in vielen Kulturen, und das berühmteste Beispiel dürfte ein fiktives sein: die Abenteuer des kleinen Mowgli aus dem *Dschungelbuch,* der von Wölfen aufgezogen wird und schließlich an der Seite seiner tierischen Freunde Bagheera und Balu im Urwald die verrücktesten Abenteuer erlebt. Doch anders als im wirklichen Leben hat diese Geschichte ein Happy End. Mowgli erliegt dem Zauber weiblicher Verführungskunst und tauscht nach seinen wilden Jahren den Urwald mit einer heimeligen menschlichen Behausung. Die Realität sieht leider anders aus. Aus Indien ist eine ganze Menge Geschichten von Wolfskindern überliefert. Ob diese tatsächlich von Tieren aufgezogen wurden, ist nicht mit letzter Sicherheit in Erfahrung zu bringen. Die meisten datieren etwa hundertfünfzig Jahre zurück, und es lässt sich im Nachhinein nur mit Mühe entscheiden, was an ihnen wahr ist und was nicht. Allen gemeinsam aber ist, dass die Kinder aus dem Urwald armselige, oft schwachsinnig anmutende Geschöpfe waren.

Doch ganz unabhängig davon, ob es tatsächlich Kinder gab, die von Wölfen, Bären oder Leoparden aufgezogen wurden, ist sicher, dass einige von der menschlichen Gesellschaft isoliert aufwuchsen. Dazu gehörten Kinder wie der »wilde Victor«. Der Junge lebte mutterseelenallein in einem Wald des französischen Distrikts Aveyron. Er war etwa zwölf Jahre alt, als er im Jahre 1799 von Jägern splitternackt in einer Baumkrone gestellt wurde. Andere Kinder wie Kaspar Hauser wurden in Verliese gesperrt. Und erst in neuerer Zeit wurde in Deutschland der Fall eines verwahrlosten Kindes bekannt, das lange Zeit weggeschlossen in einem verdunkelten Hochhauszimmer verbracht hatte und sich aus einem Napf ernähren musste, der unter der Tür durchgeschoben wurde, während die Türklinke an das Stromnetz angeschlossen war. Oder wir erinnern uns an das Mädchen Genie, das über zehn Jahre am Tag mit einem speziell angefertigten Geschirr aufs Töpfchen gefesselt wurde, während ihr Vater es nachts in einem als Zwangsjacke umgearbeiteten Schlafsack vertäute. Sieht man vom Sonderfall Kaspar Hauser ab, waren all diese Kinder hochgradig gestört, und, was noch schlimmer ist, die Schäden erwiesen sich zum größten Teil als irreparabel. Viele dieser Kinder liefen auf Händen und Füßen oder hatten Schwierigkeiten, sich überhaupt zu bewegen. Aufrechtes Gehen mussten sie mit großer Anstrengung lernen, und viele ihrer Bewegungen blieben linkisch. Am schlimmsten aber wiegt der Umstand, dass es unmöglich war, ihnen das Sprechen beizubringen, wenn sie nicht schon als Kinder Ansprache gehabt hatten.

Der Fall des »wilden Victors« ist übrigens von vielen Wissenschaftlern glaubwürdig bezeugt, da er zu seiner Zeit wie ein Zirkustier von einem Gelehrten zum nächsten gereicht wurde. Sie versprachen sich von ihm Einsichten in das Wesen der Urmenschen und in das Faszinosum des Spracherwerbs. Leider fruchteten alle Bemühungen nicht. Trotz jahrelangen täglichen Unterrichts blieb Victor fast vollständig stumm. Das unterscheidet ihn von Kaspar Hauser, der später sehr wohl schreiben, reden und lesen konnte. Das begründet die Vermutung, dass er erst weggeschlossen worden war, als er zumindest schon sprechen konnte. Vielleicht war er in seinem Kerker auch nicht ganz ohne Ansprache gewesen.

Wir stellen also fest: Ein Kind muss in menschlicher Gemeinschaft aufwachsen, andernfalls droht ihm eine *dementia ex separatione*, ein durch Vereinzelung bedingter Schwachsinn. In Gesellschaft Aufgewachsenen droht dieses Schicksal nicht – allerdings scheinen sich alle Kinder im Gegensatz zu fast allen Tieren in Zeitlupe zu entwickeln. Diese Diskrepanz ist so frappierend, dass es Denker wie Arnold Gehlen gab, die den Menschen leichtsinnigerweise als »Mängelwesen« bezeichnet haben. Um die Eigentümlichkeiten der menschlichen Entwicklung besser in den Blick zu bekommen, befassen wir uns nun kurz mit der Evolutionstheorie.

Sinniges und Sinnloses
Überlebensstrategien

Es gibt wohl kein Statement in der Geschichte der Wissenschaften, das eine solche Verwirrung ausgelöst hat wie Darwins »Survival of the Fittest«.

Das mag auch daran liegen, dass etwa im Deutschen das Wort »fit« ganz eigenwillige Bedeutungen hat. Heutzutage assoziieren wir mit »fit« ein stahlhartes Bauchbrett, rüstige und lebenslustige alte Menschen oder auch pfiffige Computerkids. Nichts von dem trifft das, was Darwin ursprünglich meinte. »Fit« bedeutet bei ihm schlicht und einfach »angepasst«. Überleben und sich fortpflanzen tut der, der seiner Umwelt angepasst ist. In diesem Zusammenhang können auch Kraft, Klugheit und Rüstigkeit eine Rolle spielen. Das sind aber nur einige Eigenschaften unter vielen anderen.

Lassen wir jetzt die schwierige und in letzter Konsequenz bis heute unbeantwortete Frage beiseite, was in der Evolution eigentlich selektiert wird (sind es Gene, Individuen oder Gruppen?), so ist doch zumindest plausibel, dass es wenigstens zwei wichtige Strategien gibt, um zu überleben. Da beide mit dem Buchstaben »A« anfangen, habe ich an anderer Stelle von der 2A-Theorie gesprochen.[56]. Das eine A steht für Akzeptanz, das andere für Adaptabilität. Da »Adaptabilität« ein kompliziertes Wort ist, das nur den Vorteil hat, sich direkt ins Englische übersetzen zu lassen, verwenden wir hier auch öfter das eingängige »Anpassungsfähigkeit«. Akzeptanz und Adaptabilität, das hört sich schwierig an, ist aber im Kern einfach zu verstehen. Beschränken wir uns in der Veranschaulichung auf so unterschiedliche Organismen wie Menschen, Schimpansen, Katzen, Meeresschnecken und sogenannte Archebakterien. Archebakterien, die von den Spezialisten als Archaea bezeichnet werden, hausen in unwirtlichen Lebensräumen – etwa in der Tiefsee auf den dampfenden Schloten von Unterwasservulkanen. All diese Organismen besitzen nun bestimmte essenzielle Eigenschaften. Essenziell heißen sie, weil sie für das Überleben notwendig sind. Diese Eigenschaften sind oft passiver Natur. Wir fragen uns, was Lebewesen aushalten können, ohne zu sterben? Wie ertragen sie zum Beispiel mechanischen Druck, große Hitze oder klirrende Kälte? Reagieren sie empfindlich auf radioaktive Strahlung? Und wie meistern sie Mangelsituationen? Das ist zwar nur mit gröbstem Strich umrissen, soll uns aber genügen, eine Skizze zu entwerfen.

Betrachten wir im Vergleich die evolutionären Strategien von Archebakterien und Katzen. Archebakterien sind sonderbare Lebensformen, die man noch gar nicht so lange kennt. Im Allgemeinen hausen diese Winzlinge unter extremsten Lebensbedingungen, und das schon seit einigen Hundertmillionen Jahren. Offensichtlich haben also Archebakterien eine sehr erfolgreiche Überlebensstrategie entwickelt, die sich als viel besser herausstellen könnte als die der Menschen. Wir laufen schon heute, nach relativ kurzer Zeit, Gefahr, wieder von der Erde zu verschwinden. Was macht die Archebakterien so besonders? Archebakterien schreiben keine Bücher und komponieren keine Fugen, dafür aber sind sie eben Meister im Aushalten. Sie sitzen auf ihren rauchenden Vulkanschloten bei Wassertemperaturen von zirka 100 Grad Celsius und einem Druck, der fast jedes andere Lebewesen auf der Stelle töten würde. Zu diesen bemerkenswerten Fähigkeiten gesellt sich eine unschlagbare Bedürfnislosigkeit, was den Speisezettel angeht. Es gibt Archebakterien, die sich ausschließlich von tellurischem Schwefel ernähren.

Vermutlich ist es auch so, dass Archebakterien für viele andere Lebewesen ungenießbar sind und deshalb keine große Notwendigkeit besteht, vor gefräßigen Räubern fliehen zu müssen. Komplexe Sinnesorgane und Muskeln wären deshalb unter evolutionären Gesichtspunkten sinnlos, pure Verschwendung.

Betrachten wir jetzt im Unterschied dazu eine Katze und einen bösartigen Experimentator, der ihr nachstellt. Dieser möchte sie in kochendes Wasser werfen, um zu testen, ob sie – wie ein Archebakterium – überleben würde. Er schleicht sich also an, das Tier aber sieht ihn und entweicht. Die verschlagene Mine des Zweibeiners lässt nichts Gutes ahnen und erinnert die Katze an eine unliebsame Erfahrung. Als er sie dann trotzdem zu fassen bekommt, spürt er ihre Krallen im Gesicht, und die Katze entwischt mit einem kühnen Sprung aus dem Fenster. Was lehrt diese kleine Episode?

Da Katzen nicht mit der Akzeptanz der Archebakterien gesegnet sind, verfahren sie nach einer ganz anderen Überlebensstrategie. Sie besitzen empfindliche Sinne, ein schon recht stattliches Gehirn, das in der Lage ist, Erfahrungen zu erinnern, und einen wunderbar entwickelten Bewegungsapparat. Damit sind Katzen Repräsentanten einer Gruppe von Lebewesen, deren Akzeptanz zwar nicht so beeindruckend ist wie die der Archebakterien, dafür aber ihre individuelle Anpassungsfähigkeit – ihre Adaptabilität.

Grundlage individueller Adaptabilität sind Sinnesorgane und Muskeln. Wenn man es etwas exakter haben möchte, kann man auch von Sensorik und Motorik sprechen, da die Mechanismen, die eine Bewegung hervorrufen können, nicht immer so funktionieren müssen wie unsere Muskeln. Denken Sie nur an eine Pflanze, die sich dem Licht zudreht (Phototaxis).

Was ist jetzt der Sinn der Sinne? In einem Satz zusammengefasst könnte man sagen, dass diese dazu dienen, zu fangen oder zu flüchten. Zur Kategorie »Fangen« kann es übrigens auch gehören, einen Vertreter des anderen Geschlechts als solchen zu erkennen und die Gelegenheit zu nutzen, Nachkommen zu zeugen. Anstatt von Fangen und Flüchten zu sprechen, kann man es auch ein wenig abstrakter ausdrücken: Die Sinne und die mit diesen vernetzte Motorik sollen es ermöglichen, Chancen zu suchen und Risiken zu meiden.

In rudimentärer Form findet man ein solches Verhalten schon bei Einzellern, die durch Wimpernschlag in der Lage sind, aus lebensfeindlichem Milieu zu entfliehen und stattdessen nährstoffreichere Gefilde ansteuern. Um zu dieser Leistung fähig zu sein, braucht es eine Koordination zwischen Erkennen und Ausführen. Im Fall des Einzellers ist diese Verbindung denkbar einfach: Mit einem Rezeptor, der den Säuregehalt des Wassers misst, stellt das Tierchen fest, dass es gefährlich wird, und erhöht deshalb die Frequenz, mit der seine Wimpern schlagen. Das erhöht die Wahrscheinlichkeit, das gefährliche Ambiente zu verlassen, bietet aber leider keine Sicherheit, nicht noch tiefer in die Gefahrenzone hineinzugeraten.[57] Beispiele für solche Verschaltungen zwischen primitiven Sinnes- und Ausführungsorganen gibt es viele, aber irgendwann in der Evolution muss es einen Quantensprung gegeben haben, der dem Konzept der Adaptabilität einen rasanten Schub verpasste. Was geschah?

Die Verbindung zwischen Sinnen und Motorik wurde komplizierter. Grob gesprochen gab es bei primitiven Lebewesen nur einfache, direkte Verschaltungen zwischen Sinnes- und Ausführungsorganen. In der evolutionären Wendezeit wurden diese nun bei einigen Organismen durch komplexere Zellknoten aus Nervenfasern ersetzt. Diese Knoten hatten eine bewundernswerte Eigenschaft: Sie halfen, winzige Ausschnitte der umgebenden Welt *wiederzuerkennen*! Das ist etwas ganz und gar Außergewöhnliches. Auf dem seltsamen Planeten Erde entwickelte sich eine Struktur, die selbst ein Teil des Universums ist und dieses durch seine Sensorik und einen primitiven neuronalen Speicher abbildet. Es gab, um einen Fachterminus zu gebrauchen, die erste neuronale Repräsentation. Die Welt machte sich plötzlich ein Bild von sich! Wann dieser Moment tatsächlich stattfand, vermag ich nicht zu sagen. Verschiedene Nachfragen bei ausgewiesenen Spezialisten haben noch keine zufriedenstellende Antwort ergeben.

Von meinem Gefühl her vermute ich, dass die damaligen einfachen Nervennetze eine ähnliche – vielleicht graduell geringere – Komplexität aufwiesen wie die der heute noch lebenden Meeresschnecke Aplysia. Wie die Fruchtfliege, die Maus oder das Zebrafischchen gehört diese zu den Lieblingsversuchstieren der Forscher. Sie besitzt einfache Sinnesorgane, ein überschaubares Nervensystem aus genau benannten Knoten (Ganglien) und eine einfache Motorik. Mit dieser Grundausrüstung kann Aplysia einfache Konditionierungen und Habituationen erlernen. Was ist das? Erinnern Sie sich an den Pawlow'schen Hund! Immer wenn es etwas zu fressen gibt, wird kurz vorher die Glocke geläutet. Wenn der Hund das Mahl sieht, läuft ihm das Wasser im Maul zusammen. Irgendwann aber verbindet er den Glockenklang mit der Mahlzeit, und allein das Läuten genügt, um den Speichelfluss zu aktivieren. Das ist eine Konditionierung, und zu etwas Einfacherem ist auch die Schnecke Aplysia in der Lage.

Bei einer Habituation gewöhnt sie sich an einen Reiz, der zum Beispiel anfänglich eine Schutzreaktion hervorruft. Man kann die Schnecke immer wieder vorsichtig berühren. Zuerst zieht sie sich noch schnell zusammen, bis sie diese Reaktion schrittweise unterlässt und sich an die Berührung gewöhnt. Was ist der für uns wesentliche Punkt bei der Konditionierung und der Habituation? Diese Lernmechanismen funktionieren nur, wenn ein gleicher Reiz als gleich erkannt werden kann! Dazu ist ein Gedächtnis nötig, ein neuronaler Speicher. – Sie werden sich allmählich wundern, was das alles mit der umständlichen Entwicklung von Kindern zu tun hat. Warum sollen wir uns mit wabbeligen Schnecken auseinandersetzen, wenn wir etwas über Menschen erfahren wollen? Wir brauchen einen Hintergrund zum Kontrastieren. Nur noch einen Moment Geduld bitte! Wir sagten, dass Sinnes- und Ausführungsorgane dazu dienen, Chancen zu suchen und Risiken zu meiden. Ist Ihnen klar, was es für diese Strategie bedeutet, wenn zu den Sinnen ein Gedächtnis kommt? Das Gedächtnis ermöglicht zum Beispiel, einen Fehler nicht zweimal zu machen. Werden Sie von einem Menschen attackiert, der nichts Gutes im Schilde führt, und es gelingt Ihnen wie durch ein Wunder zu entkommen, ist es dann nicht von Vorteil, gleich Fersengeld zu geben, wenn Sie ihm ein zweites Mal begegnen? Erinnern Sie sich jedoch nicht, werden Sie ihm erneut arglos gegenübertreten, was für Ihre Gesundheit erhebliche Nachteile mit sich bringen könnte.

Kurz gesagt bedeutet der Umstand, dass vor geraumer Zeit neuronale Strukturen entstanden sind, die primitive Formen von Erkennen und Erinnern ermöglichen, nichts anderes als die Möglichkeit, aus Erfahrung zu lernen.

Wenn wir akzeptieren, dass dies ein wesentlicher Bestandteil der Adaptabilitätsstrategie ist, dann verstehen wir, weshalb es einen Unterschied in der Entwicklung von Schnecken, Katzen, Schimpansen und Menschen gibt:

Das Wichtigste zur Schnecke wurde gesagt. Sie ist zu primitiven Lernvorgängen in der Lage. Aber ein verschlagenes Gesicht zu erkennen, wie das des Experimentators, der die Katze ins Wasser werfen möchte, vermag sie nicht. Dazu braucht man keine Zellknoten, sondern ein Gehirn, das diesen Namen verdient. Dieses muss in der Lage sein, sehr komplexe Erfahrungen zu speichern und sorgsam zu unterscheiden, ob sie dem eigenen Wohlergehen zuträglich sind oder nicht. Allerdings ist jede Katze bei dieser Suche nach Erfahrung, die die Wahrscheinlichkeit erhöht zu überleben, mehr oder weniger auf sich selbst gestellt. Das unterscheidet Katzen von Schimpansen. Junge Schimpansen bleiben länger bei ihren Muttertieren, da es von diesen eine Menge zu lernen gibt. Schimpansen können zum Beispiel ein ganzes Spektrum von Lauten von sich geben, die auch von ihren Kindern verstanden werden. Diese Laute erlauben es, angenehme Dinge, die den Eltern vertraut sind, von unangenehmen und gefährlichen zu unterscheiden. Das ist ein weiterer evolutionärer Sprung. Er enthebt das Junge etwa von der Erfahrung, von einem giftigen Tier verletzt oder getötet zu werden, wenn der erwachsene Schimpanse die Gefahr erkennt und sich äußert. Ein kriechendes Etwas mit gegliedertem Leib, Zangen und aufgerichtetem Stachel, verbunden mit hysterischem Geschrei der Mutter und wildem Gestikulieren, bedeutet: Vorsicht, Skorpion! Finger weg!

Durch diese Form der Kommunikation, mit deren Hilfe Wissen von Generation zu Generation weitergegeben wird, vergrößert sich der Erfahrungsraum des Jungtiers enorm. So macht es die längere Lehrzeit möglich, Chancen in stärkerem Maße zu nutzen und Risiken zu meiden. Zu den Chancen gehören neben Gefahrenmeldungen auch bestimmte Techniken, die in Affensippen tradiert werden, einfach dadurch, dass die Jungtiere diese von den Erwachsenen abschauen. Da ist das Kartoffelwaschen japanischer Makaken genauso zu nennen wie das Termitenangeln mit Halmen oder dünnen Stöcken und das Aufschlagen hartschaliger Nüsse mit Steinen.[58]

Es ist fast überflüssig zu erwähnen, dass zwischen einer zuckenden Schnecke und einem schreienden Schimpansen himmelweite Unterschiede bestehen, und trotzdem ist die Strategie der Menschenaffen noch zu verbessern.

Der Augenblick der Gefahr, das Jungtier und die Eltern – alles muss gleichzeitig zugegen sein, damit Erfahrungen der Eltern an die Kinder weitergegeben werden können. Einsichtig, dass dies nicht immer der Fall ist. Die Affenmama kann ihrem Kleinen nicht beschreiben, wie der Skorpion aussah, von dem ein anderer Affe gestochen wurde, bevor das Kind auf der Welt war. Dazu bräuchte sie eine Sprache, über die sie nicht verfügt.

Damit sind wir beim Menschenkind. Ein Großteil menschlicher Erziehungsbemühungen verfolgt das Ziel, Kinder in der Welt der Sprache heimisch zu machen, und das mit gutem Recht. Unter evolutionären Gesichtspunkten ist die menschliche Sprache nämlich etwas Einmaliges. In erster Linie dient sie dazu, dass wir uns miteinander verständigen können. Das ist wichtig, und Anthropologen weisen immer wieder darauf hin, welch ungeheurer Vorteil es war, dass sich urweltliche Jäger im Kampf mit gefährlichen Bestien im hohen Gras verständigen konnten. Es steckt aber noch mehr dahinter.

Gedächtnis und Zukunft
Die Beziehung von Erinnern und Erahnen

Im Lichte der Anpassungsfähigkeit ist Sprache vor allen Dingen die Grundlage dafür, ausgedehnte Zeitreisen unternehmen zu können!(39) Diese Zeitreisen haben jedoch mit den phantastischen Konstrukten, die wir aus Film und Literatur kennen, nichts zu tun. Seine eigene Vergangenheit zu besuchen und diese zu manipulieren, ist ja schon durch das »Ödipusparadoxon« ausgeschlossen: Ödipus schlief mit seiner Mutter und tötete seinen Vater. Wenn sich ein Zeitreisender zu diesem Schritt entschließen würde, bevor sein Vater ihn selbst gezeugt hätte, kämen wir zu unlösbaren logischen Widersprüchen.

Trotzdem sind alle gesunden Menschen Zeitreisende, nur dass diese Reisen innerhalb unserer Köpfe vonstatten gehen. Anstatt höchstpersönlich die vierte Dimension zu erkunden, schicken wir einen symbolischen Stellvertreter unserer selbst, den wir gerne mit dem Wort »Ich« bezeichnen, auf die Reise. Im Rahmen unserer Vorstellungen steht es uns dann frei, erinnerte Vergangenheit und vorgestellte Zukunft zu besuchen. Diese Vorstellungswelten unterscheiden sich in ihrer Vielfalt fundamental von denen der Tiere, die keine Sprache besitzen. Die des klugen Affen nährt sich nur von den Ereignissen, die er persönlich, mit eigenen Augen und Ohren wahrgenommen hat, wobei die Belehrungen der Eltern und der anderen Hordentiere dazugehören. Der Mensch aber sieht mit Milliarden Augen und Ohren, da er über die Sprache mit den Erfahrungen seiner Mitmenschen verbunden ist!

Müssen Sie mit Ihrem Kind in die Wüste oder in den Zoo gehen, um es vor einem giftigen Skorpion zu warnen? Nein, Sie setzen sich gemeinsam aufs Sofa und beschreiben das Tier, seine acht Beine, die Scheren, den gegliederten Körper und den gebogenen, aufgerichteten Schwanz mit dem Giftstachel. Sie können das Tier zudem zeichnen oder ihrem Kind ein Bild zeigen. Oder Sie schauen gemeinsam einen Film, der kommentiert ist oder von Ihnen kommentiert wird. So können Sie im Prinzip mit allen giftigen Tieren der Korallenriffe, des Dschungels und der Wüsten verfahren, zuzüglich sämtlicher heimischer Giftpflanzen. Die Erfahrung, dass diese gefährlich sind, haben in der Vergangenheit schon etliche tausend Menschen für Sie gemacht, und uns reicht es, wenn von den Geschehnissen detailliert berichtet wird. So brauchen Sie nicht selbst zu erkranken oder gar zu sterben. Es genügt, wenn Sie sich konkrete Vorstellungen machen, was in der Zukunft passieren würde, wenn Sie das Gesagte be- bzw. missachten.

Halten Sie bitte einen Moment inne und machen Sie sich klar, was das unter evolutionären Gesichtspunkten bedeutet. Betrachten wir noch mal unsere vier Tiere – Schnecke, Katze, Affe, Mensch – in Anbetracht ihrer Fähigkeiten, Zeitreisen zu unternehmen.

Der Schnecke nähert sich ein Stimulus, der erfahrungsgemäß ungefährlich ist (Reise in die Vergangenheit). Um Energie zu sparen, verzichtet das Tier auf eine Schutzreaktion, da kein Schaden zu erwarten ist (Reise in die Zukunft).

Die Katze ist schon zu eindrucksvolleren Leistungen in der Lage. Basierend auf früheren Erfahrungen, kann sie zum Beispiel Gesichter von Menschen, die ihr Böses taten, behalten und ihr Verhalten für die Zukunft so ausrichten, dass sie vergleichbare Erfahrungen mit einiger Wahrscheinlichkeit vermeidet. Mit einiger Wahrscheinlichkeit einfach deshalb, weil der gute Mensch vielleicht ein böser Schauspieler ist (und umgekehrt).

Der Schimpanse ist in der Lage, noch tiefer in die Vergangenheit hinabzusteigen und die dort gemachten Erfahrungen für die Gestaltung seiner Zukunft zu benutzen. Angenommen, ein Urgroßonkel wurde vor -zig Generationen vom Skorpion gestochen, verstarb, und die Horde betrauerte sein Ableben. Setzen wir nun außerdem voraus, dass bei diesem Unglück andere Affen anwesend waren, die sahen, was passierte, und gehen wir des weiteren davon aus, dass diese Skorpione im Urwald häufig vorkommen, dann lässt sich eine lange Kette von Erfahrungsvermittlung konstruieren, die es selbst Jungtieren in der vierten, fünften oder zwanzigsten Generation erlaubt, das giftige Tier zu meiden. Verständlich aber, dass diese Kette auch leicht abreißen kann, da es einen Synchronizitätszwang gibt: Gefahr, wissendes und unwissendes Tier müssen synchron zusammenkommen.

Ganz anders, wenn es eine Sprache gibt, denn Worte schaffen etwas Besonderes. Sie sind ein wenig wie der Stein, den die Fürstin Golowin in einen Teich wirft, wobei sie dann im Wellenschlag des Wassers den Petersburger Kaiserpalast zu sehen vermeint. In ähnlicher Weise schwirren Lautgestalten durch die Luft, die dann ein Trommelfell aktivieren. Dann passiert das Wunder: Im Kopf des Hörers entsteht ein Bild, ein Bild, das viel mehr Wahrnehmungsdimensionen hat als ein gemaltes an der Wand. Wie das funktioniert, damit werden wir uns noch im letzten Abschnitt beschäftigen. Jetzt bleiben wir beim Aspekt der Zeitreise.

Durch die Magie der Worte ist der Synchronizitätszwang plötzlich aufgehoben. Lehrender, Lernender und zu bezeichnender Gegenstand müssen nicht mehr im selben Moment beieinander sein. Es genügt, wenn ein Erzähler einem Zuhörer eine Szenerie bildhaft beschreibt, sodass sich Letzterer eine konkrete Vorstellung machen kann. Damit explodiert der Raum vergangener Erfahrungen, der für die individuelle Zukunft nutzbar gemacht werden kann – ein riesiger evolutionärer Vorteil im Lichte der Adaptabilitätsstrategie. Trotzdem ist diese Form der Erfahrungsvermittlung noch deutlich zu verbessern, denn wir befinden uns erst auf der Stufe der mündlichen Vermittlung von Tradition. Wir sind auf der Stufe der Geschichtenerzähler, in denen sich das Wissen kleiner menschlicher Gemeinschaften bündelt. Man denke in diesem Zusammenhang an den geheimnisvollen Mascarena im Roman *Der Geschichtenerzähler* von Mario Vargas Llosa, der jahrzehntelang allein durch den Regenwald zieht, von Weiler zu Weiler, um das tradierte Wissen lebendig zu erhalten.[60] In diesem Wissen bündeln sich die Erfahrungen vieler Generationen von Menschen. Problematisch wird es auch hier, wenn die Kette der Wissensvermittlung unterbrochen wird, wenn der Geschichtenerzähler stirbt, bevor er seinen Nachfolger eingeweiht hat.

Damit sind wir bei der Schrift. Durch die Erfindung der Schrift wird der des Lesens Kundige sogar unabhängig von der persönlichen Anwesenheit des Erzählers. Sein Zugriff auf das Wissen ist nur davon abhängig, ob die geschriebene Information für ihn verfügbar ist oder nicht. In einer Zeit, in der die wesentlichen Schriftwerke in für die meisten Menschen unverständlichen Sprachen an unzugänglichen Orten wie Kloster- oder Palastbibliotheken gehortet wurden – man denke nur an den *Namen der Rose* – konnten vom Leseprivileg nur wenige profitieren. Das änderte sich mit dem Aufkommen des Buchdrucks, der Verwendung allgemeinverständlicher Sprachen und einer ausufernden Reisetätigkeit, die dazu führte, dass Bücher aus der Alten Welt in der Neuen rezipiert werden konnten und andersherum. Seine Vollendung findet diese Entwicklung schließlich im World Wide Web. Myriaden von Texten sind binnen von Sekunden abrufbar, sodass wir uns heute in einer Situation befinden, die in der gesamten menschlichen Geschichte einmalig ist. Im Prinzip können wir uns bei unseren Entscheidungen ja auf einen Großteil des in schriftlicher Form fixierten Wissens stützen. Doch dies hat auch Schattenseiten. Das gesammelte Wissen ist nicht gewertet, und nur noch eine kleine Informationselite ist überhaupt in der Lage, eine solche Wertung vorzunehmen.[61] Trotz allem hat die Sprach- und Schreibfähigkeit dem Menschen eine einmalige Möglichkeit gegeben, Wissen aus der Vergangenheit für die Zukunft verwendbar zu machen. Daraus resultiert eine erstaunliche Anpassungsfähigkeit, wobei mittlerweile völlig unabhängig vom individuellen Wert dieser Entwicklung der Eindruck entsteht, dass die gesamte vernetzte Menschheit sich wie ein Superorganismus verhält, der schnellstmöglich auf Bedrohungen zu reagieren vermag. Wenn man beispielsweise beobachtet, mit welch rasanter Geschwindigkeit neu auftauchende Erreger identifiziert werden und mit welchem Tempo Impfstoffe oder andere Behandlungsmöglichkeiten entwickelt werden, dann kann man nur staunen. Vor allem, wenn man daran zurückdenkt, dass die Pest fast ein Jahrtausend wütete und ihr ein großer Teil der europäischen Stadtbevölkerung zum Opfer fiel. Die Vogelgrippe ist erst seit ein paar Jahren bekannt, und schon haben chinesische Wissenschaftler einen im Tierexperiment funktionierenden Impfstoff präsentiert.

Wir stellen also fest, dass im selben Maße, in dem ein Archebakterium belastbar ist, der Mensch eine unvergleichliche Anpassungsfähigkeit besitzt, die sich vor allen Dingen seiner Fähigkeit zu sprechen verdankt. Damit sind wir bei unserer Anfangsfrage: Weshalb braucht der Mensch so lange, um sich zu entwickeln?

Das langsame Wachsen hat vor allen Dingen mit der unglaublichen Komplexität zu tun, die das Sprechen benötigt. Um einen Eindruck von der Komplexität der Sprache zu bekommen, wollen wir uns hier nur mit einer einzigen Frage beschäftigen: Wie kann ein Kind lernen, was ein Wort wie »Ball« bedeutet?

Die Bedeutung von »Ball«
Warum Körper und Denken eine Einheit bilden

Die Frage, was ein Wort bedeutet, mag sich für jemanden, der sich nicht mit Sprache beschäftigt, trivial anhören. Man nehme den großen Duden zur Hand und schlage eine beliebige Seite auf: »Kore« steht dort zum Beispiel; und als Bedeutung: »altgriechische Statue eines festlich gekleideten jungen Mädchens«. So einfach ist das. Ein studierter Sprachwissenschaftler lacht sich jetzt schon ins Fäustchen, wohlwissend, dass diese Strategie, die Bedeutung eines Worts festzulegen, zum Scheitern verurteilt ist. Was bedeuten denn bitte »altgriechisch«, »Statue«, »festlich«, »gekleidet«? Schon wieder müssen Sie nachschlagen, um Worte zu definieren, die helfen sollen, ein Wort zu definieren. Sie kommen ins Grübeln. Nach einem Moment des Nachdenkens merken Sie es. Da die Anzahl der Worte einer Sprache zwar sehr groß, aber doch endlich ist, haben Sie ein Problem. Irgendwann definieren Sie ein Wort mittels eines Wortes, das Sie gerade definieren wollen. Die Katze beißt sich in den Schwanz.

Wir haben es mit einem klassischen Zirkel zu tun. Wenn Sie das nicht glauben, können Sie es gerne einmal ausprobieren. Versuchen Sie, einem Kind zu erklären, was Ordnung ist. Eine gängige Erklärung wie »Ordnung ist, wenn deine Spielzeuge dort sind, wo *ich* sie haben möchte«, gilt nicht. Deshalb werden Sie Ordnung als etwas definieren, das durch Regelmäßigkeiten, Strukturen oder Muster gekennzeichnet ist. Das Kind aber lässt sich nicht täuschen, ertappt Sie beim ungelenken Eiertanz und hakt nach: »Was ist regelmäßig, was bedeutet Struktur, wie bitte sieht ein Muster aus?« Sie stottern: »Regelmäßig ist, wenn Dinge geordnet sind, wenn sie eine Struktur haben oder ein Muster ...« Wie Sie es auch drehen und wenden, nach kurzer Zeit bewegen Sie sich im Kreis. Philosophen lieben solche Spitzfindigkeiten, und nicht nur aus diesem Grund ist die Frage nach der »Bedeutung von Bedeutung« eine, die von Fallgruben umringt ist. Doch nicht nur diese Fallgruben machen das Nachdenken über Sprache zu einer heiklen Mission. Neben diesen gibt es gut befestigte Schützengräben, in denen seit Jahrzehnten Heerscharen von Denkern hocken und scharf aufeinander schießen. Die Situation ist ziemlich verfahren, und wer heute über Sprache nachdenkt, zieht eine Erblast hinter sich her, die ein Fortkommen fast unmöglich macht. Aus diesem Grund tun wir so, als würden wir diese Scharmützel nicht kennen, und nehmen hier den Standpunkt eines Naturforschers aus dem viktorianischen Zeitalter ein, der mit seiner Lupe begeistert einem Schmetterling beim Schlüpfen zuschaut. Zudem verweisen wir darauf, dass wir nur einen kleinen Entwurf anfertigen, der sich aber immerhin auf Fakten stützt, die Hirnforscher in den letzten Jahren ans Tageslicht gefördert haben.

Wie also lernt ein Mensch die Bedeutung des Wortes »Ball«?

Um diese Frage zu beantworten, müssen wir zuerst überlegen, was ein gesprochenes Wort – eine Lautgestalt – eigentlich bezeichnet. Wieder ein wenig voreilig, könnte man versucht sein zu sagen, dass das Wort »Ball« einen konkreten Gegenstand bezeichnet, einen Ball eben. Zack, schon wieder in einer Fallgrube gelandet! Worte bezeichnen im einfachsten Fall keine Gegenstände, sondern Bilder von Gegenständen. Um deutlich zu machen, wie das gemeint ist, beschäftigen wir uns mit der Frage, was der Unterschied zwischen einem Gegenstand und dem Bild eines Gegenstands ist. Weiter oben sagte ich, dass es im Laufe der Evolution zu einem Quantensprung gekommen ist. Irgendwann in grauer Vorzeit entstand auf der Erde ein Wesen, das seine Umgebung zumindest teilweise abbildete. Eine solche Abbildung der Welt wird im wissenschaftlichen Jargon gerne eine »mentale Repräsentation« genannt, eine »Encodierung« oder auch ein »Engramm«. Persönlich halte ich diese Ausdrücke für zu kompliziert und bevorzuge das einfache deutsche Wort »Bild«. In diesem schwingt alles mit, was für eine genaue Kennzeichnung notwendig ist. Wenn Sie heute durch ein Museum wandeln, in denen Bilder verschiedener Epochen hängen, dann lernen Sie nicht nur etwas über Kunst, sondern auch über das Wesen von Bildern. Bilder, das muss betont sein, sind *nie* Abbilder![62] Vergleichen Sie ein Porträt von Rembrandt, mit einem von Van Gogh oder einem kubistischen von Picasso. Bilden diese Meisterwerke die Welt so ab, wie sie ist? Natürlich nicht. Die Art der Abbildung verdankt sich den Zielsetzungen ihrer Schöpfer. Ähnlich verhält es sich mit den Bildern der Welt, die wir in unserem Kopf tragen. Diese Bilder sind alles, nur keine exakten Abbilder der Welt. Ihre Gestalt ist in erster Linie das Ergebnis evolutionärer Zwänge. Und in diesem Zusammenhang geht es gerade nicht um eine wie auch immer geartete detailgetreue Abbildung von Kants »Welt an sich«. Diese Artefakte sollen dazu dienen, in einer gefährlichen Welt überleben zu können. Zu diesem Zweck wird an allen Ecken und Enden gemogelt! Wir hören Töne, die nicht existieren, und sehen Dinge, die nachweislich nicht vorhanden sind. Wir erkennen Farben, wo alles nur schwarzweiß ist, sehen Stillstand, wo sich etwas bewegt, und Bewegung, wo alles steht.[63] Wenn Sie mir nicht glauben, erinnern Sie sich bitte an blinkende Weihnachtsketten, in denen ein Lichtfunke sich zu bewegen scheint, obwohl alle Lämpchen an Ort und Stelle bleiben. Erinnern Sie sich an alte Transistorradios, aus denen Sie eine Sinfonie gehört haben, obwohl die Lautsprecher viel zu klein waren, um die tieffrequenten Töne der Pauken zu übertragen. Das Gehirn konstruierte die fehlenden Paukenschläge. Sie nahmen also Töne wahr, die vom Radio gar nicht übertragen werden konnten! Denken Sie an einen schnell rotierenden Propeller, der zu stehen scheint, oder an optische Täuschungen, sogenannte Kaniza-Dreiecke, wo Sie eine Form sehen, die durch Linien begrenzt ist, die definitiv nicht vorhanden sind.[64] Was Farbillusionen angeht, so gibt es eine Experiment von David Marr, der eine schwarzweiße Scheibe zum Rotieren brachte, sodass sie schließlich allen Betrachtern farbig erschien. Hätten Sie versucht, mit einem physikalischen Messgerät eine Farbe wie Rot zu messen, wären Sie gescheitert.[65] Vielleicht glauben Sie mir jetzt, dass man sogar Berührungen fühlen kann, die nie gemacht wurden. Dazu bringt man auf dem Arm einer Versuchsperson zwei Oszillatoren an. Je nachdem, wie man diese zum Schwingen bringt, hat der Proband das Gefühl, ein Tier laufe seinen Arm hinauf oder hinunter, und er kann sogar exakt angeben, wo es sich befindet, obwohl er definitiv sieht, dass es nicht vorhanden ist. Vergleichbar gespenstisch sind die Phantomempfindungen von Menschen, denen Gliedmaßen amputiert worden sind und die beispielsweise ihre Hand spüren, obwohl sie sie schon seit Jahren nicht mehr haben.

All das hängt damit zusammen, wie unsere Wahrnehmungsorgane aufgebaut sind und wie das Gehirn aus dem Input aller Sinnesorgane einen Ausschnitt der Welt konstruiert. Diese Konstruktion führt zu einem *Bild* der Welt. Diesem ordnen wir ein Symbol zu, in unserem Zusammenhang ein gesprochenes Wort.

Ich möchte nun die Behauptung wagen, dass es genau dieses Bild ist, welches der Bedeutung des Wortes entspricht. Allerdings müssen wir den Begriff des Bildes sehr weit fassen. Es geht ja nicht nur um eine visuelle Abbildung der Welt. Im Gegenteil. Das persönliche Bild eines Gegenstandes ist von einem fast unergründlichen Facettenreichtum. Weshalb?

Schlagen wir erneut im Duden nach, diesmal nach unserem Wort »Ball«. Wir lernen, dass es einen Bezug zum Althochdeutschen gibt. Dort war ein »Bal« ein geschwollener, aufgeblasener Körper. Heute ist es »ein kugelförmiger, gewöhnlich mit Luft gefüllter Gegenstand, der als Spielzeug oder Sportgerät verwendet wird«. »Der Ball ist rund«, das wissen sogar Fußballspieler. Bringen uns diese Definitionen näher an das, was die Bedeutung von »Ball« ist? Nicht wirklich. Doch wenige Zeilen später wird es interessant. Dort steht: »Der Ball springt auf, prallt gegen den Türpfosten; den Ball werfen, schleudern, abschlagen, schießen, ins Tor köpfen, am Fuß führen, fangen, annehmen, abgeben ...«

Bälle werden auf einmal durch das definiert, was man mit ihnen machen kann! Damit sind wir auf der richtigen Fährte und kommen zu unserem Kleinkind zurück. Dieses hantiert das erste Mal mit einem roten Ball, auf welchem schwarze Marienkäfer abgebildet sind. Das fragwürdige Etwas rollt. Wenn man es wirft, hüpft es. Es lässt sich ein wenig knautschen, man bekommt es nicht richtig in den Mund ... Mit fragendem Blick deutet das Kind auf den ominösen Gegenstand. Die Mutter versteht die Geste und verpasst dem Ding seinen Namen: »Ball«.

Um die Sache am Anfang nicht zu kompliziert zu machen, unterstellen wir, dass die Mutter das Wort völlig neutral aussprach. Wir sehen vom Klang ihrer Stimme ab, genauso wie von der Körperhaltung und der Mimik. Das Kind steht jetzt vor der Aufgabe, die Lautgestalt »Ball« gerade den Eigenschaften des rätselhaften Dings zuzuordnen, die in unserer Sprachgemeinschaft typisch für Bälle sind. Das ist keine Selbstverständlichkeit. Die Aufgabe lässt sich deshalb auch nur lösen, wenn das Kind eine Menge unterschiedlicher Bälle in die Finger bekommt, die jedoch alle mit demselben Wort bezeichnet werden. Wie dann das Konzept des Balls entsteht, lässt sich mithilfe der Hebb'schen Theorie verdeutlichen. Die Hebb'sche Theorie gehört zu den Theoretischen Neurowissenschaften. Um sie in ihren Grundzügen zu verstehen, ist es sinnvoll, sich an ein Wadi zu erinnern. Wadis sind ausgetrocknete Flussläufe in Wüsten, die sich bei einem Wolkenbruch binnen Minuten mit Wasser füllen, um dann wieder auszutrocknen. Regnet es erneut, dann geben die schon vorhandenen Wadis den abfließenden Fluten den Weg vor, sodass sie sich weiter vertiefen, um beim nächsten Guss mit noch größerer Wahrscheinlichkeit das Wasser zu leiten. In vergleichbarer Weise, so nimmt man an, funktionieren zumindest Teile des Gehirns.[66] Neuronenwege, die oft gebraucht werden, »vertiefen« sich, im Gegensatz zu anderen, die absterben. Das wissenschaftliche Stichwort in diesem Zusammenhang ist die synaptische Plastizität.[67] Denken wir wieder an das erste Bild des Balls im Hirn des Kindes. Da ist gespeichert, dass er rund ist und hüpft, aber auch, dass das Objekt rot und mit Marienkäfern versehen ist. Im Kontakt mit weiteren Bällen werden nun nur die ersten Merkmale vertieft, während die Eigenschaft, eine Farbe zu haben und Marienkäfer zu zeigen, »sich langsam ausdünnt«. Fast alle Bälle sind rund und viele hüpfen. Marienkäfer aber haben nur ganz wenige, und neben roten gibt es gelbe, grüne, blaue, gepunktete, geblümte, mit Prinzessinnenmotiven versehene, schwarzweiße und so fort. Hat das Baby es nun mit Dutzenden von Bällen zu tun gehabt, so bildet sich gemäß der Hebb'schen Theorie eine *Schnittmenge* von Eigenschaften heraus, die erhalten bleibt, da sie fast allen Bällen gemein ist. Andere Eigenschaften erweisen sich jedoch als zufällig und damit als nicht wesentlich. Sie verblassen. Gleichzeitig lernt das Kind, diese Schnittmenge von Eigenschaften mit der Lautgestalt des Wortes »Ball« in Verbindung zu bringen, sodass das Hören des Wortes das Bild im Hirn des Kindes erweckt. Genau so lernt das Kind, das Wort selbst auszusprechen, welches dann wie ein Schmetterling durch den Raum segelt, bis es auf das Ohr eines Zuhörers trifft, um dort ebenfalls ein Bild des Balls hervorzurufen.

Verstehen wir uns?
Du bist nicht ich und ich bin nicht du

Ist dieses Bild im Kopf des Zuhörers nun dasselbe wie das im Hirn des Sprechers? Ganz sicher nicht. Trotzdem muss aber eine Ähnlichkeit vorhanden sein, sonst wäre Verständigung ja nicht möglich. Würden Sie beim Aussprechen des Wortes »Ball« an einen solchen denken, Ihr Zuhörer aber an ein Schnitzel, dann gäbe es ein Problem. Die schönste Parabel, in der zum Ausdruck kommt, dass Bedeutung individuell ist, aber trotzdem ein Gespräch ermöglicht, stammt aus China und heißt *Die Freude der Fische*:[68]

Dschuang Dsi ging einst mit Hui Dsi am Ufer eines Flusses spazieren.

Dschuang Dsi sprach: »Wie lustig die Forellen aus dem Wasser herausspringen! Das ist die Freude der Fische.«

Hui Dsi sprach: »Ihr seid kein Fisch, wie wollt Ihr denn die Freude der Fische kennen?«

Dschuang Dsi sprach: »Ihr seid nicht ich, wie könnt Ihr da wissen, dass ich die Freude der Fische nicht kenne?«

Hui Dsi: »Ich bin nicht Ihr, so kann ich Euch allerdings nicht erkennen. Nun seid Ihr sicher kein Fisch, und so ist klar, dass Ihr nicht die Freude der Fische kennt.«

Dschuang Dsi sprach: »Bitte lasst uns zum Ausgangspunkt zurückkehren! Ihr habt gesagt: Wie könnt Ihr die Freude der Fische erkennen? Dabei wusstet Ihr ganz gut, dass ich sie kenne, und fragtet mich dennoch. Ich erkenne die Freude der Fische aus meiner Freude beim Wandern am Fluss.«

Kommen wir in diesem Zusammenhang wieder zum Bild des Balls. Weshalb ist es für verschiedene Menschen hinreichend gleich und trotzdem verschieden? Um diese Frage zu beantworten, vertiefen wir, was das Bild des fraglichen Gegenstands ausmacht. Wie oben betont, ist dieses mehr als eine visuelle Vorstellung. Es ist ungleich vielschichtiger. Denken Sie an die Definition im Duden. Es wurde nicht nur das Aussehen betont, sondern auch das, was man mit einem Ball anstellen kann. Sind somit auch Handlungs- und Bewegungserfahrungen Teil des Bildes? Und wenn ja, welchen Sinnen haben wir diese zu verdanken? Diese speziellen Erfahrungen verdanken wir vorrangig einem Sinnessystem, das zu großen Teilen still und heimlich zu Werke geht. Während Sinnesorgane wie Augen, Ohren und Nase jedermann bekannt sind, wissen vermutlich nur wenige, was Merkelzellen sind oder Meißner'sche, Ruffini- und Pacini-Körper. Und wer hat schon einmal etwas von Thermo- und Nocizeptoren oder Golgi- und Dehnungsrezeptoren gehört? Das sind Sinnesorgane des somatosensorischen Systems. Zu diesem gehören die uns noch vertrauten Tastwahrnehmungen, mit welchen wir die Beschaffenheit von Oberflächen ergründen können. Wie selbstverständlich fühlen wir, ob etwas spitz, scharf, flutschig oder samtig ist. Wir spüren Wärme und Kälte, aber auch, ob ein Gegenstand vibriert oder in Ruhe ist. Das sind vertraute und nachvollziehbare Empfindungen. Damit sind Tastwahrnehmungen sozusagen die Tagseite des somatosensorischen Systems. Die Nachtseite nennt sich Propriozeption. Das ist die Eigen- oder Innenwahrnehmung des Körpers. Das menschliche Gehirn muss wissen, in welcher Lage sich der Körper befindet und wie sich dessen Lage verändert. Zu diesem Zweck besitzt das Hirn »Fühler im Verborgenen«. Diese melden, wie sich die Gliedmaßen bewegen, wie sich die Winkel der Gelenke verändern. Gleichzeitig registrieren sie die variierenden Spannungszustände der Muskulatur. Diese Art der Wahrnehmung verläuft fast immer unterbewusst. Machen Sie sich diese bewusst, ist das »Bild« bestenfalls diffus.

Mit einem einfachen Selbstversuch können Sie Ihre Eigenwahrnehmung prüfen. Schließen Sie die Augen und stellen Sie sich gerade hin. Dabei lassen Sie eine Videokamera laufen. Sie werden überrascht sein, wie oft schief mit aufrecht verwechselt wird. Nur Menschen, die sehr viel mit dem eigenen Körper arbeiten, sind in der Lage, diesen sozusagen mit einem inneren Auge zu betrachten. Welche Bedeutung die Fähigkeit besitzt, ohne Nachdenken zu wissen, wo sich die eigenen Gliedmaßen im Raume befinden, ahnen Sie jedoch, wenn Sie an einen blinden Klaviervirtuosen wie Ray Charles denken. In rasender Geschwindigkeit finden seine Finger die richtigen Tasten.

In unserem Zusammenhang ist wichtig, dass wir weder die Tast- noch die Eigenwahrnehmung des Körpers außer Acht lassen dürfen, wenn wir vom Bild eines Gegenstandes sprechen. Bei allem, was wir tun, folgen die gesammelten Informationen, wie sich etwas anfühlt, welche Muskeln und Gelenke sich in welcher Weise verändern, der bewussten Wahrnehmung der Handlung wie ein Schatten! Man darf auf keinen Fall vergessen, dass etwa die menschliche Hand, mit der wir die Welt begreifen, nicht nur ein faszinierendes Ausführungsorgan ist. Die Hand ist auch eines der komplexesten Sinnesorgane! Sehr große Teile unseres Gehirns haben keine andere Funktion, als die durch sie empfangenen Informationen zu verarbeiten. Damit sind auch die Handlungs- und Bewegungserfahrungen, die wir im Umgang mit Bällen machen, ein ganz wesentlicher, häufig aber vernachlässigter Teil des Bildes, das wir uns von diesem Gegenstand machen. Das Bild des Balls wird deshalb Teil eines hochdimensionalen Erfahrungsraums. Dort sind eben nicht nur visuelle Daten gespeichert und/oder Informationen, wie etwas klingt, riecht und/oder schmeckt. Gespeichert wird auch, wie es sich anfühlt, einen Ball zu werfen, zu fangen, zu knautschen, zu reiben, zu schlagen, zu schießen, in den Mund zu nehmen usw. Doch das ist noch nicht alles. Neben diesem Panoptikum bewusster und unterbewusster Erfahrungen, speichern Menschen auch Gefühle, die eine wertende Funktion haben.

Die augenfälligsten sind natürlich die unmitttelbaren. Wenn der große Bruder aufs Tor schießt und die kleine Schwester den Ball direkt ins Gesicht bekommt, dann hat auf jeden Fall das Mädchen eine schmerzhafte Erfahrung gemacht, die es so schnell nicht vergisst.

Bekommt der große Bruder zum Geburtstag den lang ersehnten Lederball, dann freut er sich. Endlich kann er draußen ohne Gesichtsverlust mit den Freunden spielen und muss nicht mehr mit dem Prinzessinnenball auf seine Schwester schießen.

Freude, Schmerz und Angst, das sind unmittelbare Gefühle und damit auch Wertungen, die in verschiedenen Zusammenhängen mit Gegenständen, Situationen und Handlungen assoziiert sein können. Auch sie sind Teil der Bedeutung von »Ball«. Darüber hinaus gibt es aber noch weitere, deren Wirken nicht so augenfällig ist, da sie eher mittelbar funktionieren.

Um das zu klären, müssen wir über Informationskanäle sprechen, die die Welt des Kindes mit der der Erwachsenen verbinden und die man in ihrer Gesamtheit als »semantische Nabelschnur« bezeichnen könnte. Solange das Kind im Mutterbauch ist, wird es über die Nabelschnur mit allem versorgt, was für sein Gedeihen notwendig ist. Nach der Geburt wird die Nabelschnur abgeschnitten, und das Kind wird gesäugt. Seine Situation hat sich aber noch in einer anderen Weise dramatisch verändert. Auf das Kind stürzen über alle Sinneskanäle Informationen ein: Bilder, Töne, Gerüche, Berührungen ... Das Erfolgsgeheimnis der Menschen, sagten wir, besteht darin, dass jedes Kind in den Erfahrungsraum der menschlichen Gemeinschaft eingebettet werden kann. Wie aber soll das bei einem Neugeborenen oder Säugling funktionieren? Wie kann man so kleinen Kindern bei der Auswahl der Information Hilfe gewähren, wenn sie noch nicht sprechen? Sie können einem wenige Monate alten Kind ja nicht erklären, dass es sich bei dem kriechenden Tier vor seiner Nase um einen tödlichen Skorpion handelt. Doch zu unser aller Glück gibt es andere Informationskanäle, über welche sich anfänglich zwar weniger Faktenwissen, wohl aber Stimmungen transportieren lassen! Das Wort »Stimmung« kommt ja nicht umsonst von »Stimme«, und Kinder sind von Geburt an in der Lage, Stimmungen anhand von Stimmen zu unterscheiden. Eine lobend-besänftigende Stimme löst Zufriedenheit aus, tadelnder Groll dagegen Furcht und Angst. Das ist also ein mittelbarer Mechanismus, Erfahrungen des Kindes mit einer Wertung zu versehen. Es ist nicht bohrender Schmerz, den das Kind mit dem schwarzen Kriechtier vor seiner Nase verbindet. Es ist der rettend-warnende Schrei der Mutter und der dadurch ausgelöste ängstliche Schrecken, der sich ins Gehirn einbrennt und in Zukunft mit dem visuellen Bild des Skorpions assoziiert ist.

Neben der Stimme gibt es andere subtile Wertungsmechanismen. Alle Kinder dieser Erde zeigen bestimmte angeborene Mimiken und Lautäußerungen, die es den Eltern erlauben, Rückschlüsse auf die Befindlichkeit des Kindes zu ziehen. Genauso erkennen aber auch die Kinder elementare Gesichtsausdrücke wie Wut, Angst und Zufriedenheit, wenn das Sehsystem der Kinder so weit ausgereift ist, dass sie diese wahrnehmen können. Es gibt also angeborene Kanäle, durch welche Eltern etwas über die Gefühlslage ihrer Kinder erfahren können – aber auch die Kinder über die der Eltern und anderer Personen ihres Umfelds.

Neben diesen angeborenen Kanälen gibt es solche, die stark durch die jeweilige Kultur beeinflusst werden, in welcher das Kind aufwächst. Sollten Sie einmal in den Genuss kommen, nach Brasilien zu reisen, so werden Sie feststellen, dass Brasilianer eine ganz andere Einstellung zum körperlichen Abstand haben als wir. Brasilianer lieben körperliche Nähe, und anders ist auch nicht zu erklären, wie sie so ausgelassen die größte Party der Welt feiern können: Beim Straßenkarneval von Bahia sind Millionen Menschen bei ohrenbetäubend lauter Musik dermaßen eng zusammengedrückt, dass sich Freunde, die gemeinsam feiern, den ganzen Tag und die ganze Nacht eng umschlungen halten müssen, um nicht verlorenzugehen. Auf diese Weise tanzt man, isst man und sucht auch gemeinsam die Toilette auf, wenn man denn eine findet. Der in Brasilien übliche körperliche Abstand wird bei uns jedoch als Einbruch in die Intimsphäre verstanden, als ein aggressives und rücksichtsloses Verhalten. Das unausgesprochene Einhalten oder Nichteinhalten eines kulturell vorgegebenen körperlichen Abstands ist nur eine von vielen Arten, seine Beziehung zum Gegenüber wortlos zum Ausdruck zu bringen. In vergleichbarer Weise ist auch der Augenkontakt sehr aussagekräftig. Wer wem wie lange in die Augen schaut, verrät viel über seine Einstellung zum Gegenüber.

Zudem muss noch betont werden, dass gesprochene Sprache nicht nur dazu da ist, sachliche Informationen zu übertragen. In allem, was wir sagen, senden wir auch mehr oder weniger verborgene Botschaften, die mit den scheinbar unverfänglichen Worten mitschwingen. Unterschwellig appellieren wir an unser Gegenüber, etwas zu tun oder zu lassen, und die Wahl unserer Worte lässt Rückschlüsse zu, in welcher Beziehung wir uns zum anderen wähnen oder bringen wollen. Bei angenehmen Gesprächen akzeptiert unser Gegenüber die versteckten Botschaften. Es kommt aber zwangsläufig zu Spannungen, wenn unausgesprochene Erwartungen nicht erfüllt werden.

Hinlänglich bekannte Kommunikationsrituale in Beziehungen bilden hierfür das beste Anschauungsmaterial. Nehmen wir einen emotional aufgeladenen Moment, die Vorbereitung einer unmittelbar bevorstehenden Urlaubsreise. Der Herr im Hause, der Logistiker, spricht sachbetont. Er redet über die zu erwartenden Benzinkosten, den Servicecheck des Automobils und die Wahl der richtigen Route, um Staus zu vermeiden. Emotional wird er nur, wenn er stolz verkündet, dass er in den letzten Nächten bei Ebay erfolgreich war (was dazu führte, dass seine Frau schon schlief, bevor er zu Bett ging). Das dort ersteigerte Satellitennavigationssystem sei bei den anstehenden Problemen eine große Hilfe, meint er. (Die richtige Folgemilch für das Baby einzupacken und das Wärmgerät nicht zu vergessen, das sind keine Probleme.) Die Frau müsse sich jetzt nicht mehr mit dem Kartenlesen abquälen (was sie ja sowieso nicht kann). Stattdessen sei es nun endlich möglich, dass sie sich voll und ganz auf das Reichen der Imbisse beschränkt. (Ich Jäger, du Feuerstelle!) Der Mann ist etwas irritiert, dass seine Frau keine Dankbarkeit zeigt, nicht einmal ein anerkennendes Kopfnicken. Völlig rätselhaft wird ihm die Situation, als die Frau wegen irgendeiner Kleinigkeit aus der Haut fährt (Hormone, typisch!), hysterisch herumschreit und zum Schluss die schon gepackten Koffer aus dem Fenster wirft. Damit beweist der Mann, dass er die unterschwelligen Botschaften seiner Frau nicht zur Kenntnis genommen hat. Ihr ging es bei der Urlaubsreise um etwas ganz anderes. Da der normale Familienalltag alle Beteiligten auf ihre Pflichten reduziert und diese wortlos und übellaunig aneinander vorbeihasten, malte sie sich den Urlaub in rosigen Farben aus: Endlich Zeit! Zeit für ungestörte Gespräche, Zeit zum gemeinsamen Essen, Zeit, um endlich wieder Nähe zu finden. Wäre es nicht schön gewesen, bei einer Flasche Wein gemeinsam die Vorfreude zu zelebrieren? Wie kann er da nur von den Spritpreisen reden und sich Gedanken machen, wie man die Kosten minimiert? Eine Unverschämtheit! Bleibt noch hinzuzufügen, dass er vielleicht Ohren für ihre Botschaften entwickelt hätte, wenn sie, statt die Lippen aufeinanderzukneifen, ihm nur ganz kurz signalisiert hätte, dass er wichtig ist.

Was aber haben diese ganzen unterschwelligen Botschaften, das Nicht-Gesagte-aber-trotzdem-Gemeinte mit unserem Ball zu tun?

Malen Sie sich nur zwei Situationen aus, wie sie unterschiedlicher nicht sein können. In der einen ist der Sohn gefeierter Torschützenkönig der Fußball-E-Jugend. In der anderen wird der Sohn von einem Auto angefahren, als er einem Ball nachspringt, der auf die Straße rollt. Er muss einige Wochen im Krankenhaus verbringen und wird sein rechtes Bein nicht mehr richtig bewegen können. Können Sie sich vorstellen, wie unterschiedlich die sublimen Botschaften sind, die in der Rede über Bälle mitschwingen? Hier Stolz, aber vielleicht auch eine unausgesprochene Erwartung, noch besser zu werden. Dort Angst und Selbstvorwürfe, vielleicht auch der Appell, das Vertrauen nie wieder zu missbrauchen (»Wir haben immer gesagt, du darfst nur auf der Straße spielen, wenn du vernünftig bist!«).

Wir sehen uns hier also mit dem Phänomen konfrontiert, dass Worte nicht nur einen offenkundigen Sinn übertragen. Über Parameter wie Stimmlage, Mimik, Gestik und Körpersprache im Allgemeinen sowie die ganzen Aspekte gesprochener Sprache, die unterschwellig vermittelt werden, schwingt ein Bündel versteckter Informationen in jedem gesprochenen Satz mit. Diese werden manchmal bewusst, meistens aber unbewusst als Wertungen gespeichert. Sie fügen dem Bild des Balls weitere Dimensionen hinzu. Ganz zum Schluss, wenn wir dann endlich kompetente Sprecher einer Sprachgemeinschaft sind, kommen noch die Geschichten hinzu, in denen Bälle eine Rolle spielen und die uns je nach Interessenlage mehr oder weniger berühren (»Das Wunder von Bern«).

Zusammenfassend ist damit die Bedeutung des Wortes »Ball« einem sehr komplexen, veränderlichen Fluidum vergleichbar, das sich in der Zeit bewegt. Es setzt sich aus der Gesamtheit der Erfahrungen zusammen, die zum jeweiligen Zeitpunkt auf unserer Lebenslinie bewusst und unbewusst erinnerlich sind. Das hat zur Folge, dass jegliche Form von Bedeutung zeitlebens einem Wandel unterworfen ist.

Dass wir trotz der Einzigartigkeit unserer persönlichen Lebensgeschichten miteinander sprechen können, hängt damit zusammen, dass wir ähnlich funktionierende Körper haben und uns Bälle in unserer Kultur meist in vergleichbaren Zusammenhängen begegnen. So ist die Wahrscheinlichkeit groß, dass die Erfahrungsräume miteinander redender Menschen gleichfalls Schnittmengen bilden. Deshalb ist es möglich, sich auszutauschen, wenn auch Missverständnisse nicht ausgeschlossen sind. Zu Missverständnissen kann es gerade bei Worten kommen, zu denen die Erfahrungen naturgemäß sehr unterschiedlich ausfallen. Denken Sie nur an das Wörtchen »Liebe«.

Schwierigkeiten gibt es auch im interkulturellen Dialog. Wenn wir heute mit den alten Mayas sprechen könnten, den Erfindern des Ballspiels, dann würde schnell klar werden, dass für sie Bälle eine ganz andere Bedeutung hatten. War die Fußballweltmeisterschaft 2006 in Deutschland ein heiteres Fest (»Die Welt zu Gast bei

Freunden«), so kämpften die Spieler bei den Mayas um ihr Leben: Die Verlierer wurden den Göttern geopfert.

Für die Länge des Exkurses über die Bedeutung des Wortes »Ball« möchte ich mich an dieser Stelle entschuldigen. Doch es ging mir darum zu zeigen, wie wenig selbstverständlich das scheinbar Selbstverständliche ist. Wie von Geisterhand gesteuert, scheinen Kinder Sprache fast von alleine zu lernen, dieses rätselhafte Kommunikationsmittel, das uns in der Gänze zum Menschen macht und eine wichtige Grundlage unseres evolutionären Erfolgs ist.

Das Märchen vom Mängelwesen
Tobt hinter der Fassade eine Revolution?

Kommen wir jetzt zur Ausgangsfrage zurück, weshalb kleine Kinder sich augenscheinlich so langsam entwickeln. Wir sahen, dass Menschen so anpassungsfähig sind, weil sie über die Sprache in den riesigen Erfahrungsraum der menschlichen Gemeinschaft eingebettet sind. Maßgeblich ist aber auch noch eine andere Fertigkeit, die in der Geschichte von Gua und Donald Kellogg ins Auge springt. Menschen, und nicht Affen sind die Meister der Nachahmung! Deshalb wäre es eigentlich sinnvoller, vom »Nachmenschen« als vom »Nachäffen« zu sprechen. Macht man Menschen etwas vor, dann ahmen sie es nach. Mama backt einen Kuchen. Natürlich will auch die Tochter Teig kneten und ausrollen. Der Papa schraubt am Rasenmäher herum. Keine Frage, der Sohn möchte es ihm gleichtun. Diese im Tierreich einzigartige Fähigkeit begründet die Kultur des *Lehrens und Lernens von Handfertigkeiten*. Das ist eine weitere wichtige Möglichkeit, wie wir vom Wissen anderer profitieren können. Vor diesem Hintergrund ist nun verständlich, weshalb Menschen ganz anders funktionieren als die anfänglich besungenen Vögel. Da der Mensch genetisch prädestiniert ist, von anderen Menschen so völlig verschiedene Dinge lernen zu können, ist er in der Lage, an all den Überlebensstrategien zu partizipieren, die unterschiedliche Kulturen für unterschiedliche Lebensräume entwickelt haben. Jedes Menschenkind kann lernen, ein Iglu in einer Eiswüste zu bauen, wie ein Kalahari-Buschmann seine Schlafstelle zu errichten oder im Internet zu surfen. Diese Anpassungsfähigkeit ist phänomenal. Es spielt eben keine Rolle, ob ein Buschmann-Baby von Eskimos in der Kunst des Iglubaus unterrichtet wird oder ein Eskimokind eine solide mathematische Ausbildung erhält, die es ihm später erlaubt, sich mit der Allgemeinen Relativitätstheorie zu beschäftigen. Eine Amsel aber, die man in die Arktis bringt, wird kein Schneehuhn, sondern stirbt. Genauso ergeht es einem Pinguin am Äquator.

Doch diese sensationelle Anpassungsfähigkeit hat ihren Preis. Dieser Preis heißt Zeit. Kleine Menschen brauchen Zeit, um das komplizierte Instrumentarium zu entwickeln, das es ihnen ermöglicht, ein Kulturwesen zu werden.

Wenn wir jetzt abschließend einen Blick auf die biologischen Grundlagen dieses Instrumentariums werfen, dann kommen wir zu einer überraschenden Einsicht: Es sind vor allem auch körperliche Fähigkeiten, die den Menschen auszeichnen. Dies steht in krassem Widerspruch zu weit verbreiteten philosophischen Vorurteilen. Der menschliche Körper wurde vom Großteil unserer Denker verachtet. Einige vertraten mit Inbrunst die These, dass der Körper mit seinen Instinkten und niederen Gelüsten keine andere Funktion habe, als die Menschen beim Suchen der Wahrheit vom rechten Weg abzubringen. »Der Körper ist das Grab der Seele«, spottete Platon. Wiederum andere beklagten, dass unsere körperlichen Fähigkeiten im Vergleich zu denen der Tiere so kümmerlich seien. Friedrich Nietzsche nannte den Menschen das »missratenste aller Tiere«. Der Anthropologe und Philosoph Arnold Gehlen bezeichnete den Menschen als »Mängelwesen«. Für ihn war das kleine Kind ein hilfloses Wesen, das »zu früh aus dem Nest gefallen« ist.[69]

All diesen Vorurteilen ist gemeinsam, dass sie die Bedeutung verkennen, die der Körper für das Denken spielt. Zugegeben, in einer Zeit, in der Kinder schlabbern, lallen und unkoordiniert durch die Gegend taumeln, ist schwer ersichtlich, dass gerade da die Grundsteine körperlicher Fertigkeiten gelegt werden, die im Tierreich ihresgleichen suchen. Dass frühere Denker sich vom äußeren Anschein täuschen ließen, kann man deshalb nachvollziehen. Die Revolution spielt sich sozusagen hinter verschlossenen Türen ab, tief im Innern des Gehirns. Seitdem es aber mithilfe von Computertomografen möglich ist, ein Bild dieser verborgenen Vorgänge zu gewinnen, kann niemand mehr ernstlich behaupten, der Mensch müsse Geist werden und den Körper überwinden, um ein rechter Denker zu werden. Im Grunde genommen verhält es sich nämlich andersherum. In der Zeit, in der unsere Kinder so tollpatschig wirken, geschieht in ihrem Gehirn Unglaubliches. Und was dort geschieht, hat zwar mit Dingen zu tun, die man gerne als »geistig« bezeichnet, zugrunde liegen aber im Tierreich einzigartige *sensorische und motorische* Leistungen! Und es sind genau diese speziellen Fertigkeiten, mit denen es dem Kind gelingt, am Erfahrungsschatz der Gemeinschaft teilzuhaben und auf diese Weise eine unübertroffene Anpassungsfähigkeit zu entwickeln.

Betrachten wir in diesem Licht noch einmal das Nachahmen einer Bewegung: Ein Kind beobachtet, wie die Mutter mit dem Nudelholz hantiert, und macht es nach. Das hört sich so einfach und selbstverständlich an. Doch haben Sie eine Vorstellung davon, was das bedeutet? Das Kind sieht eine Handlungsfolge. Das wahrgenommene Muster wird im Hirn von den visuellen auf die motorischen Zentren umgeschaltet. Diese bestimmen, welche Muskeln in welcher Reihenfolge mit Neurotransmittern zum Zusammenziehen gebracht werden, damit sich die Gelenkwinkel genau so ändern, dass die vorgemachte Bewegung imitiert wird. Die Handlung wird dann sowohl vom Lehrer als auch vom Lernenden wiederum visuell wahrgenommen und für gelungen oder missglückt befunden (die Eigenwahrnehmung des Kindes habe ich jetzt vernachlässigt). Dieses Muskelspiel, das jeder von uns mit der größten Selbstverständlichkeit ausführt, ist für Forscher immer noch rätselhaft und treibt denjenigen, die sich bemühen, Roboter zu bauen, die Schweißperlen auf die Stirn. Eine der vielen Schwierigkeiten, mit denen sich die Konstrukteure künstlicher Wesen auseinandersetzen müssen, ist kombinatorischer Natur und ähnelt ein wenig dem Spülmaschinen-Problem. Schließlich können allein die Muskeln der Schulter, des Ober- und Unterarms sowie der Hand im Prinzip auf -zig Milliarden Arten koordiniert werden. Wie meistert es unser Hirn, nach nur einmaliger Beobachtung einer Handlung die richtigen Kombinationen zu wählen? Vielleicht beeindruckt Sie das trotzdem nicht, und als fleißiger Zoobesucher weisen Sie mit Nachdruck darauf hin, dass auch Affen die Fähigkeit des »Nachäffens« besitzen. Das ist richtig und falsch. Beim Nachahmen einfacher Bewegungen sind Affen durchaus geschickt. Beim Imitieren komplexer Handlungsfolgen, vor allen Dingen, wenn Werkzeuge verwendet werden, sind sie dem Menschen jedoch deutlich unterlegen. Wenn man in Rechnung stellt, dass die Feinkoordination der menschlichen Hand unabdingbare Vorraussetzung fast aller kulturellen Techniken ist und dass sie eine unter allen Lebewesen unübertroffene sensomotorische Komplexität besitzt, dann ahnen wir schon, wie eng Körper und Denken miteinander verwoben sind.

Diese Ahnung wird zur Gewissheit, wenn wir den gerade beschriebenen Prozess »umdrehen«. Diesmal geht es darum, mit geschlossenen Augen einen Gegenstand abzutasten, um sich dann von ihm ein Bild zu machen. Tatsächlich gelingt es in vielen Fällen ohne große Mühe, zumindest die Konturen zu erahnen. Auch diese Übersetzungsleistung ist beeindruckend. Das Abtasten liefert ja nur Informationen über die Oberflächenbeschaffenheit und sich ändernde Gelenkwinkel und Muskelspannungen. Dass aus diesen reichlich kryptischen Daten ein Vorstellungsbild entstehen kann, ist eine grandiose Übersetzungsleistung des menschlichen Hirns.

Ich vermute nun, dass dieses typische Wechselspiel von Sensorik und Motorik nicht nur die Grundlage vom Lehren und Lernen handwerklicher Fähigkeiten ist. Darüber hinaus ermöglicht es das Selbsterkennen im Spiegel, eine, wie man glaubt, rein geistige Leistung!

Haben Sie schon einmal darüber nachgedacht, weshalb man das Gesicht, das einen aus dem Spiegel anblickt, für sein Eigenes hält? Warum kann man sich erkennen? Es gibt doch keine innere Wahrnehmung, die uns, ohne dass wir tasten, erlaubt zu fühlen, ob unsere Nase der der Cleopatra ähnelt oder dem Zinken eines Cyrano de Bergerac, ob wir luftig geschwungene Brauen unser Eigen nennen oder krause, ob unsere Augen haselnussfarben sind oder turmalinblau. Woher sollen wir also wissen, wie wir von Außenstehenden gesehen werden? Das Erkennen des eigenen Gesichts muss deshalb ganz anders funktionieren. Ich vermute, dass es in den Augenblicken, in denen wir uns die ersten Male bewusst im Spiegel betrachten (mit etwas mehr als zwei Jahren), zu einer über die Maßen unwahrscheinlichen Koinzidenz kommt, die nur einen Schluss zulässt: Das Bild im Spiegel ist das unsrige, und nicht das eines anderen Menschen oder gar ein anderer Mensch. Was ist das für eine rätselhafte Koinzidenz? Ich habe betont, dass es eine wichtige Form der körperlichen Eigenwahrnehmung gibt, die Propriozeption. Nun, Sie sehen sich im Spiegel und bewegen Ihren Kopf. Diese visuell wahrgenommene Bewegung wird verglichen mit der propriozeptiven Wahrnehmung dieser Bewegung, deren »innerem Bild«. Was Sie auch tun, Ihr Innenbild und das visuell wahrgenommene Außenbild sind *einhundertprozentig korreliert*, selbst wenn im Spiegel links rechts ist und rechts links! Egal, ob Sie Grimassen schneiden oder sich auf den Kopf stellen und mit den Beinen wackeln. Dieser außergewöhnliche Sachverhalt lässt uns Menschen darauf schließen, dass das Spiegelbild die Außenansicht der eigenen Person ist. Und erst jetzt ist es möglich, diese Ansicht zu entdecken! Die eigene Nase, die Form des Mundes, die Farbe der Augen, die Silhouette des eigenen Körpers werden nun gemeinsam mit den anderen im Gedächtnis verankerten Erfahrungen Teil eines sich stetig ändernden, aber auch gleichbleibenden Selbstbilds, dem wir ein berühmtes Wort zuordnen. Dieses Wort heißt »Ich«.

Wenn Sie nun die Hypothese, dass die Selbstwahrnehmung im Spiegel durch die Korrelation von visuellem Input und propriozeptiven Bild zustande kommt, für eine kühne Spekulation halten, könnten wir diese durch ein Experiment stützen: Man zeigt dem Probanden nicht direkt sein Spiegelbild, sondern ein Videobild des Spiegelbildes. Dieses aber wird in unterschiedlichem Maße zeitlich verzögert, mal etwas mehr, mal etwas weniger. Auf jeden Fall so, dass die absolute Korrelation zwischen Innen- und Außenbild aufgehoben wird. Wird das Selbsterkennen für einen Menschen oder klugen Schimpansen unter diesen Umständen noch funktionieren? Wahrscheinlich nicht. Vorraussetzung ist natürlich, dass sich die Probanden das erste Mal im Spiegel betrachten und noch nicht gelernt haben, die persönlichen äußeren Merkmale dem eigenen Körper zuzuordnen.

Die These, dass dem Selbsterkennen im Spiegel die Fähigkeit zugrunde liegt, aus einer Eigenwahrnehmung des Körpers eine beinahe visuelle Vorstellung zu generieren, die man mit einer echten visuellen Wahrnehmung vergleichen kann, ließe sich noch durch ein weiteres Experiment unterfüttern. Für dieses Experiment brauchen wir eine geschickte Primatologin oder einen geschickten Primatologen. Die Fähigkeit, sich in dem Menschen vergleichbarer Weise im Spiegel zu erkennen, besitzen Bonobos, Schimpansen und Orang-Utans. Vermutlich weil diese eine Fähigkeit besitzen, die andere Tiere nicht haben. Bei Lesungen aus meinem Buch über die Hand habe ich mit den Zuhörern immer Versuche angestellt, um zu verdeutlichen, zu welchen Leistungen diese in der Lage ist. Bei einem dieser Experimente verwendete ich Ausstechformen, die man braucht, um Weihnachtsplätzchen zu backen. Es gab Sterne, Kreise, Vierecke, Tannenbäume usw. Alle Probanden waren in der Lage, bei geschlossenen Augen »mit den Händen zu sehen« und anzugeben, um welche Form es sich handelt. Sind nun die Tiere, die sich selbst im Spiegel erkennen, zu einer vergleichbaren Leistung in der Lage? Wie könnte unsere Primatologin diese These prüfen? Zuerst müsste sie herausbekommen, ob auch Menschenaffen mit den Händen sehen können. Dazu belohnt sie einen Schimpansen mit einer Banane, wenn er aus mehreren Bauklötzchen das kreisförmige wählt. Das funktioniert. Jetzt nimmt sie die Bauklötzchen, die verschiedene geometrische Formen haben, und legt sie in eine Kiste, in die der Affe greifen kann. In der Kiste kann er die Gegenstände betasten, ohne sie zu sehen. Ergreift er das kreisförmige Klötzchen, wird er belohnt. Andernfalls beginnt das Spiel von vorne. Dieses Spiel lässt sich natürlich auch andersherum spielen: Es gibt eine Belohnung, wenn man das kreisförmige Klötzchen in der Kiste ergreift, und eine weitere, wenn man es visuell in einer dargebotenen Auswahl erkennt. Erwachsene Menschen schaffen das problemlos. Vorsichtige Versuche mit meiner dreijährigen Tochter Anouk weisen in die Richtung, dass auch sie dazu in der Lage ist. Wenn man nun herausbekommen würde, dass kleinere Kinder, die sich nicht im Spiegel erkennen, scheitern, genauso wie Paviane, Makaken und Kapuzineräffchen – Bonobos, Schimpansen und Orang-Utans die Aufgabe aber meistern, dann würde das stark für meine Vermutung sprechen. Eine hochentwickelte Eigenwahrnehmung des Körpers wäre Voraussetzung des Selbsterkennens im Spiegel.

Wenn es um die beeindruckende Fähigkeit von Menschen geht, Gesehenes oder auch nur Vorgestelltes in Bewegung umzusetzen, dürfen die Bildenden Künste nicht unerwähnt bleiben, da sie im Reigen der Möglichkeiten zu kommunizieren einen Sonderstatus besitzen. Denken wir noch einmal an die Geschichte der chinesischen Weisen am Fluss. Deren Dialog kam dadurch zustande, dass die in Worten vermittelte Erfahrung dem anderen zumindest teilweise unzugänglich ist. Diese Grenze ist sprechenden und schreibenden Künstlern eigen. Bildende Künstler aber, die nicht durch mangelnde Fertigkeiten limitiert sind, können diese Grenze zumindest ein Stück weit überspringen. Natürlich ist auch ein gemaltes Bild nur eine Projektion eines hochdimensionalen Vorstellungsraums auf ein zweidimensionales Blatt Papier. So können etwa die Handlungserfahrungen, die Teil unseres individuellen Bildes eines Gegenstandes sind, in einem gemalten Bild nicht dargestellt werden. Die innere visuelle Vorstellung aber lässt sich, wenn vom Künstler gewollt, vermitteln.

Das faszinierende Wechselspiel von Sensorik und Motorik, von Hirn und Hand etwa, bildet also nicht nur die biologische Grundlage von Lehren und Lernen durch Vor- und Nachmachen. Es ist auch Voraussetzung aller Bildenden Künste, angefangen bei fast 40.000 Jahren alten Knochenschnitzereien über die ersten Höhlenmalereien, bis zu den fotorealistischen Holzdrucken eines Franz Gertsch. Und selbstverständlich ist auch das Schreiben ohne herausragende motorische Fähigkeiten nicht denkbar.

Doch das Wechselspiel von Sensorik und Motorik beschränkt sich nicht nur auf die gerade beschriebenen Übersetzungsleistungen. Auch beim Sprechen und Nachsprechen sind wir auf außergewöhnliche körperliche Voraussetzungen angewiesen. Beim Hören und Nachsprechen müssen mit den Ohren wahrgenommene akustische Informationen in eine komplexe Muskelkoordination der

Stimmbänder, der Stellung des Rachenraumes, der Zunge und der Lippen übersetzt werden. Es ist nicht verwunderlich, dass neben der Koordination der Hand im motorischen und somatosensorischen Kortex für diese Leistungen die größten Hirnareale reserviert sind.

Es sind zwar auch einige Tiere in der Lage, Töne und Tonfolgen zu imitieren, Singvögel, Raben, Papageien und Buckelwale zum Beispiel. Keines dieser Tiere aber kann den akustischen Raum in einer Tiefe ausloten wie der Mensch. Bei entsprechender Übung gelingt es diesem, fast jedes Geräusch zu imitieren.

Wir stellen somit fest, dass es gerade die erstaunlichen Übersetzungsleistungen von visuellem und auditivem Input in Motorik und umgekehrt sind, die es uns Menschen ermöglichen, mit unserem Umfeld in Verbindung zu treten und von diesem zuerst zu lernen bzw. später selbst Wissen zu vermitteln. Sprechen und Zuhören, Vormachen und Nachmachen, Sehen und dann Schreiben oder Zeichnen, das sind die Fundamente der ungeheuren Anpassungsfähigkeit des Menschen. Die Grundlagen dieses faszinierenden Wechselspiels werden gerade in den ersten Lebensjahren gelegt. Ist es da nicht ein vertretbarer Preis, ein paar Monate Tischdecken und Schlabberlätze zu waschen oder sich die Brille zu putzen, wenn man eine Ladung Rahmspinat abbekommen hat?

Damit sind wir am Ende. Marcel Reich-Ranicki pflegte das *Literarische Quartett* mit einem abgewandelten Zitat von Bertolt Brecht zu beschließen: »Und so sehen wir betroffen, den Vorhang zu und alle Fragen offen.«

Ich habe mir diese Sendung häufig mit Vergnügen angesehen, nur diesen Satz habe ich nie verstanden. Dass man traurig ist, wenn der Vorhang fällt, kann man nachvollziehen, wenn es eine interessante Vorstellung war. Aber offene Fragen, müssen die betroffen machen? Das ist eine Einschätzung aus der Welt der Erwachsenen. Wie wir gesehen haben, legt die kindliche Lust am Fragen eine ganz andere Einstellung nahe. In diesem Sinne verändern wir das berühmte Zitat:

»Wir ziehen jetzt den Vorhang zu und bleiben offen statt betroffen.«

Anmerkungen

1. Die Kunst des Fragens

(1) Wie kommt es, dass ein Gegenstand, der sich schnell bewegt, als verwischt wahrgenommen wird? Für das Erkennen einer Form benötigt das Gehirn Zeit! Das Bild des Gegenstands, das beim Sehen auf die Netzhaut des Auges geworfen wird, darf sich deshalb nicht zu schnell bewegen. Wie schnell sich das Bild eines Gegenstands auf der Netzhaut bewegt, hängt vor allen Dingen von seiner Winkelgeschwindigkeit ab. Um das zu verstehen, können Sie einen einfachen Selbstversuch machen. Sie strecken Ihren Arm aus und lassen den aufgerichteten Zeigefinger von links nach rechts durch Ihr Sehfeld laufen. Jetzt bewegen Sie den Zeigefinger auf Ihre Nasenspitze zu, bis Sie ihn gerade noch scharf erkennen können. Sie wiederholen den Versuch. Mit *derselben* Geschwindigkeit führen Sie den jetzt näheren Finger von links nach rechts. Er wird Ihnen unschärfer erscheinen. Dadurch dass Sie

den Abstand zum Auge verkleinert haben, überstreicht der Finger bei gleicher Geschwindigkeit einen größeren Winkelbereich, er hat also eine größere Winkelgeschwindigkeit. Vergleichbares sah Naima von ihrem Kindersitz. Als sie direkt rechts aus dem Fenster schaute, waren die nahen Gegenstände verwischt. Sie hatten eine hohe Winkelgeschwindigkeit. Die weiter entfernten aber, die sie wahrnahm, wenn sie nach links hinausguckte, hatten eine deutlich geringere Winkelgeschwindigkeit. Deshalb sah sie diese scharf. Aus den unterschiedlichen Wahrnehmungen schloss sie auf unterschiedliche Geschwindigkeiten der rechten und linken Seite des Autos, die zu einer Kurvenfahrt hätten führen müssen. Dieser Schluss ist nicht richtig.

Die blaue Farbe des Himmels kommt dadurch zustande, dass der blaue Anteil des Sonnenlichts an den Molekülen der Atmosphäre stärker gestreut wird als zum Beispiel der rote. Dieser Effekt macht sich bemerkbar, wenn man nach oben in den Himmel schaut. Fixiert man einen hundert Meter entfernten Kirchturm, fällt er nicht ins Gewicht.

(2) Bis zum heutigen Tage gibt es ganz unterschiedliche Spekulationen, wie frühe Lebensformen entstanden sein könnten. Gesichert ist keine. Die einen meinen, das Leben sei mit Kometen auf die Erde gekommen, andere vertreten die Auffassung, Protoleben sei in einer brodelnden Ursuppe entstanden. Dann gibt es welche, die spekulieren, dass es sich im ewigen Eis entwickelt hat oder aber in kleinen Kavernen tönerner Mineralien. Das alles sind

Hypothesen. Nach wie vor liegt im Dunkeln, wie eine komplexe organische Zelle, ein sich selbst regulierendes und replizierendes System, aus leblosen Bestandteilen entstehen konnte.

(3) Seit Einstein wissen wir, dass Masse und Energie gemäß der Formel $E = mc^2$ ineinander überführbar sind. Wer also über Materie spricht, spricht auch immer über Energie. Welcher Art nun die im Universum vorkommenden Energien sind, darüber ist man sich in mehrfacher Weise nicht klar. Da gibt es die störrische »Gravitation«. Während sich die elektromagnetische Kraft, die schwache und die starke Kernkraft vereinheitlichen und damit als Ausdruck einer Kraft darstellen lassen, gelingt es nicht, die Gravitation in vergleichbarer Weise dem Schema einzupassen. Dieser Missstand, eine allumfassende Theorie zu schaffen, hat zu einem Strauß verschiedener Theorien geführt: Supersymmetrie, Supergravitation, Superstrings etc. Die Vorsilbe »Super« sollte den Leser warnen. Die geistigen Elaborate, die sich fast immer in hochdimensionalen mathematischen Räumen abspielen, haben die Beziehung zur Wirklichkeit fast gänzlich verloren. Experimentell überprüft ist keine. Deshalb weiß man eigentlich auch nicht, wie in diesem Theorienzoo die Spreu vom Weizen getrennt werden soll. Einige Theoretiker plädieren dafür, die mathematische Eleganz zum Kriterium der Wahrheit zu machen. Da man über Geschmack aber bekanntlich streiten kann, ist es sicher nicht klug, die Ästhetik zu einem Teilbereich der Physik zu machen.

Unabhängig von den ungelösten Schwierigkeiten, die Physik zu vereinheitlichen, legen kosmologische Überlegungen nahe, dass es neben den vier bekannten Fundamentalkräften und den mit diesen verbundenen Energien im Universum noch etwas ganz anderes geben muss. In letzter Zeit wird viel von »dunkler Materie« und »dunkler Energie« gesprochen. Was das wirklich sein soll, steht bis heute in den Sternen.

– Lindley, D.: *Das Ende der Physik,* Frankfurt/Main 1997.
  David Lindley schreibt fundiert über die Wolkenkuckucksheime theoretischer Physiker und plädiert dafür, die Rolle des Experiments in der Physik nicht aus den Augen zu verlieren.
– Wehr, M.: »Die unheimliche Macht der Ästhetik«, Die Zeit, 2, 2001.
  In diesem Artikel habe ich darauf hingewiesen, dass die vermeintliche Eleganz einer wissenschaftlichen Theorie ein sehr unzuverlässiger Indikator für ihre Richtigkeit ist.

(4) Janich, P.: *Die Protophysik der Zeit*, Frankfurt/Main 1980.

(5) In der Sauna eines Tübinger Fitnessclubs wurde ich Zeuge eines aufschlussreichen Gesprächs zwischen zwei jungen, in der Forschung beschäftigten Medizinern. Der eine hatte eine Entdeckung gemacht und rechnete sich aus, diese in einem anerkannten Journal unterbringen zu können. Damit handelte er sich die beißende Kritik des ande-

ren ein. Dieser war der Überzeugung, dass sein Freund wertvolle »Impactpunkte« verschenken würde. In der Welt der Wissenschaft spielen Impactpunkte dieselbe Rolle wie Verdienstorden und Rangabzeichen beim Militär. Man erhält sie für Veröffentlichungen in wissenschaftlichen Journalen, wobei man besonders viele bekommt, wenn man es schafft, einen Artikel in angesehenen Zeitungen wie *Science* oder *Nature* unterzubringen. Die Anzahl der in einem bestimmten Zeitraum gesammelten Impactpunkte wird dann für einen Ausweis wissenschaftlicher Qualität gehalten und spielt bei der Besetzung von Professuren eine wichtige Rolle. Dieses verbreitete System konfrontiert Wissenschaftler mit einem Optimierungsproblem: Wie ist es möglich, bei gegebenem Output die maximale Anzahl von Punkten »einzufahren«? Vor diesem Hintergrund wird der Rat des Freundes nachvollziehbar. Er plädierte für die Strategie »Zerhacken und in die Stalinorgel«. Das bedeutet, das Resultat in -zig Unterresultate aufzuspalten und diese an verschiedene Zeitungen zu verschicken, um so die Punktzahl in die Höhe zu treiben. Wenn man sich überlegt, dass Kopernikus in seinem Leben nur eine Handvoll Veröffentlichungen schrieb, wobei er an der wichtigsten, die die Welt veränderte, dreißig Jahre arbeitete, dann ahnt man, dass im heutigen System bestimmte Wissenschaftler durch das Raster fallen. So ist man nicht erstaunt, wenn einer der wichtigsten Physiker unserer Zeit, der Österreicher Anton Zeilinger, glaubt, dass die großen Probleme der Physik nur von einem Außenseiter gelöst werden können, der nicht den erstickenden Systemzwängen ausgeliefert ist.

2. Prophetische Künste

(6) Der beste Zugang zur Quantenmechanik ist immer noch das Doppelspaltexperiment. Bei diesem Experiment sehen wir uns mit einem Rätsel konfrontiert. Eine Lichtquelle emittiert ein Photon. Das Photon verlässt die Quelle, passiert eine Blende, in welcher sich ein Spalt befindet, und wird hinter der Blende mit einem Leuchtschirm nachgewiesen. Jetzt öffnet man einen zweiten Spalt, der dem ersten benachbart ist. Eigentlich wäre zu erwarten, dass das Lichtteilchen entweder durch den einen *oder* den anderen geht. Das allerdings ist falsch. Wenn man das Photon auf seinem Weg von der Quelle zum Empfänger nicht beobachtet, scheint es *beide* Wege zu gehen. Dieses Verhalten ist mit der Vorstellung, dass es sich beim Photon um ein massives Objekt handelt, nicht zu erklären, obwohl es sich im Moment des Nachweises auf dem Leuchtschirm wie ein Teilchen verhält. Auf dem Weg von der Lichtquelle zum Schirm aber gebärdet es sich wellenartig. Dieses wellenartige Verhalten des Lichtteilchens ist jedoch von anderer Art als zum Beispiel das der vertrauten Wasserwellen. Sein Verhalten wird durch eine sogenannte Wahrscheinlichkeitswelle beschrieben.

Als wenn das nicht schon verrückt genug wäre, gibt es zwischen bestimmten Paaren von Photonen auch noch seltsame Kopplungen. Das zwingt uns zu der Einsicht, dass Lichtjahre voneinander entfernte Teilchen quantenmechanisch gesehen ein einziges Objekt sein können. Wenn ich eines von diesen verschränkten Teilchen messe, nimmt ohne jeden Zeitverlust das andere bestimmte Eigenschaften an. Was an Spuk erinnert, ist heute ohne Zweifel experimentell nachgewiesen. Da die Quantenmechanik den Rahmen dieses Buches sprengt, seien für einen Einstieg die folgenden Bücher empfohlen:

- Herbert, N.: *Quantenrealität*, Basel 1987.
  Dieses Buch gibt einen anschaulichen, populärwissenschaftlichen Einstieg in die Quantenmechanik.
- Mitter, H.: *Quantenmechanik*, Mannheim – Wien – Zürich 1979.
  Das Buch von Herrn Mitter ist ein Lehrbuch für Physiker. Es setzt deshalb mathematische Kenntnisse voraus. Sein Zugang allerdings ist sehr klar, da die Quantenmechanik von Beginn an als eine Theorie von Zuständen und Observablen entwickelt wird.
- D'Espagnat, B.: *Auf der Suche nach dem Wirklichen*, Berlin – Heidelberg – New York 1983.
  Die Lektüre dieses Buches ist anspruchsvoll. Es ist aber nach wie vor eine der besten Einführungen in die Welt verschränkter Teilchen. Neueren Datums und ebenfalls empfehlenswert ist:
- Audretsch, J.: *Verschränkte Welt*, Weinheim 2002.

(7) Ein Buch, welches sich ausführlich mit der erstaunlich geringen Verarbeitungskapazität des Bewusstseins auseinandersetzt, ist das folgende:
- Nørretranders, T.: *Spüre die Welt – Die Wissenschaft des Bewusstseins*, Reinbek bei Hamburg 1994.

(8) Bechara, A., et al.: »Deciding advantageously before knowing the advantageous strategy«, Science 275, 1293–1295, 1997.

Ein sehr unterhaltsames Buch über intuitives Wissen und Handeln ist:

- Gladwell, M.: *Blink! Die Macht des Moments*, Frankfurt – New York 2005.

Wer Interesse hat, sich weitergehend mit den unterschiedlichen Beziehungen von Gedächtnis und Unterbewusstsein auseinanderzusetzen, dem seien die folgenden Bücher ans Herz gelegt:

- Kolb, B., Whishaw, I. Q.: *Neuropsychologie*, Heidelberg – Berlin – Oxford 1996.
- Schacter, D. L.: *Wir sind Erinnerung*, Reinbek bei Hamburg 1999.
- Squire, L. R., Kandel, E. R.: *Gedächtnis*, Heidelberg – Berlin 1999.

(9) Das Spülmaschinenproblem hört sich eigentlich wie ein Witz an, soll aber darauf hinweisen, dass wir in unserem Alltag mit einer Fülle von seriösen mathematischen Problemen konfrontiert sind. Die Frage, auf wie viele Arten man den Inhalt der Spülmaschine mit seinen beiden Händen greifen kann, ist ein Problem der Kombinatorik.

Eine Vorstellung von Kombinatorik und Wahrscheinlichkeiten haben vor allen Dingen Menschen, die *nicht* Lotto spielen. Den anderen, die mit kombinatorischem Nichtwissen die Staatskassen füllen, sei empfohlen, sich zu überlegen, wie viele Möglichkeiten es gibt, 6 Kugeln aus einer Urne mit 49 Kugeln zu ziehen. Wenn sie diese

Anzahl in Beziehung zu der einzigen Folge setzen, die die Lottofee zieht, dann erfahren sie etwas über die Wahrscheinlichkeit ihres Gewinns. Im Grunde genommen handeln alle Lottospieler wie ein Lebensmüder, der sich auf eine Gartenbank setzt und darauf wartet, in den nächsten zehn Minuten vom Blitz erschlagen zu werden.

Die Literatur zur Kombinatorik ist unübersehbar. Einen Einstieg auch für andere grundlegende Gebiete der Mathematik bietet:

— Precht, M., Voit, K., Kraft, R.: *Mathematik 1 für Nichtmathematiker*, München – Wien 2000.

Auch das Packproblem ist keine esoterische Frage. Wie häufig ist man mit der Schwierigkeit konfrontiert, Dinge effizient zu verstauen – eine Aufgabe, mit der sich jedes Unternehmen konfrontiert sieht, das Gegenstände herstellt und versendet. Auch jeder Familienvater, der die Koffer optimal im Auto verstauen möchte, weiß davon ein Lied zu singen. Dass Packprobleme Hand in Hand mit kombinatorischen Überlegungen gehen, macht die Sache nicht einfacher. Eine allgemeinverständliche Darstellung von Keplers Problem findet sich in:

— Singh, S.: *Fermats Beweis*, München – Wien 1998.

Die Frage, wie man Wege minimiert, wenn man Dinge verteilen möchte, ist ganz allgemein Gegenstand der Komplexitätstheorie und speziell der Graphentheorie. Einfach gesprochen geht es in der Komplexitätstheorie darum zu ermitteln, wie viel Rechenzeit die Lösungen bestimmter Fragestellungen beanspruchen. Es zeigt sich, dass sich manche gut berechnen lassen. Bei anderen aber explodiert die Rechenzeit, wenn die Frage eine bestimmte Komplexität überschreitet. Zu diesen Problemen gehört auch das Tanklastwagenbeispiel aus dem Text. Probleme dieser Art heißen NP-vollständig. Man ist erstaunt, wie oft diese in unserem Alltag auftauchen. Der arme Lehrer, der in seiner Schule einen Stundenplan für das Kollegium mit möglichst wenigen Zeitlücken erstellen muss, ist auch mit einer NP-vollständigen Fragestellung konfrontiert, und deshalb ist es menschlich, wenn er sich die Haare rauft.

- Ziegenbalg, J.: *Algorithmen*, Heidelberg – Berlin – Oxford 1996.
- Clark, J., Holton, D. A.: *Graphentheorie*, Heidelberg – Berlin – Oxford 1994.

(10) Dem Affenbeispiel liegt der folgende Gedanke zugrunde: Nur den wenigsten Fondsmanagern gelingt es, über lange Zeiträume die allgemeine Marktentwicklung zu übertreffen. Spezialisten, die das schaffen, verstehen etwas von ihrem Geschäft. Ein Affe, der nun mit 50 Dartpfeilen auf eine Liste börsennotierter Unternehmen wirft, trifft eine zufällige Auswahl, die deshalb mit ziemlich großer Wahrscheinlichkeit die allgemeine Marktentwicklung spiegelt. Da diese wiederum fast alle Spezialisten abhängt, sind Affen keine schlechten Finanzberater, auch wenn sie vergleichsweise schlecht bezahlt werden.

(11) Viele der mathematischen Kriegsmodelle gehen auf Lewis F. Richardson zurück. Eine Sammlung findet man in:

- Gillespie, J., Zinnes, D. (Hrsg.): *Mathematical Systems in International Relations Research*, New York 1977.

Eine verständliche Auseinandersetzung kann man in dem folgenden Buch lesen:

- Casti, J. L.: *Szenarien der Zukunft,* Stuttgart 1992.

(12) Die Kritik an Klimamodellen oder Kriegsmodellen gründet auf der Tatsache, dass oft nur unzureichend diskutiert wird, welchen heuristischen Wert mathematische Modelle komplexer Sachverhalte haben, die auf dem Computer simuliert werden. Einfach gefragt: Wenn der »Computer dies und jenes sagt«, was hat das mit der Welt zu tun? Das ist eine verwickelte Frage. Um nämlich zu testen, ob ein Computermodell etwas wert ist, muss man viele Dinge beachten. Zu diesen gehören:

- Sind die im Modell vorkommenden Messgrößen maßgeblich für das Problem?
- Stehen sie im richtigen Zusammenhang?
- Lassen sie sich überhaupt messen?
- Lässt sich das Modell auf einem Computer lösen?
- Haben die Lösungen etwas mit dem Modell zu tun?
- Lassen sich die Lösungen mit der Wirklichkeit vergleichen und so im Laufe der Zeit optimieren?

Das ist nur eine kleine Auswahl von Punkten, die man beachten muss, um die Spreu vom Weizen zu trennen. Umfassend führt die Frage, welches mathematische Modell eine passende Beschreibung der Wirklichkeit ist, in die Untiefen der Wissenschaftstheorie. In dem folgenden Buch wird dieses Problem ausführlich behandelt:

- Wehr, M.: *Der Schmetterlingsdefekt*, Stuttgart 2002.

(13) Eine Auseinandersetzung mit dem heuristischen Wert von Klimaprognosen findet man in:
- Müller-Jung, J.: »Die Grenzen der Klimavorhersage«, FAZ 13, 2002.

Im Zentrum dieses Artikels steht die Frage nach der Klimasensitivität. Die Klimasensitivität ist ein Maß des Temperaturanstiegs, wenn sich der Kohlendioxidgehalt der Atmosphäre verdoppelt. Die Ergebnisse der verschiedenen Simulationen schwanken um mehrere hundert Prozent!

(14) In den neunziger Jahren des letzten Jahrhunderts machte man eine fast drei Kilometer tiefe Bohrung in das Gletschereis von Grönland. Die erhaltenen Bohrkerne erlauben im Nachhinein festzustellen, wie das Klima in Grönland in den letzten 110.000 Jahren gewesen ist. Über die abrupten Klimaänderungen, die in diesem Zeitraum immer wieder stattgefunden haben, gibt das folgende Sachbuch Auskunft:
- Alley, R. B.: *The Two-Mile Time Machine*, Princeton 2002.

(15) Blakemore, S.-J., Frith, U.: *Wie wir lernen – Was die Hirnforschung drüber weiß*, München 2005.

(16) Hubel, D. H.: *Auge und Gehirn – Neurobiologie des Sehens*, Heidelberg 1989.

(17) Grossman, A. W.: *Progress in Brain Research*, Bd.139, Amsterdam 2002.

(18) Es gibt in Nordamerika eine große Kampagne mit dem Namen CCFC (Campaign for a Commercial-Free Childhood). Diese dringt darauf, Lernvideos wie die aus der *Brainy-Baby*- oder *Baby-Einstein*-Serie mit dem Hinweis zu versehen, dass es keine wissenschaftliche Evidenz für die Annahme gibt, dass diese die Kinder in irgendeiner Weise fördern. Informationen findet man unter *www.commercialexploitation.org*

(19) Meltzoff, A. N.: »Apprehending the intentions of others: Re-enactment of intended acts by 10-month-old children«, Developmental Psychology, 31, 838–850, 1995.

(20) Die Studie, auf die hier Bezug genommen wird, ist von dem Psychologen Lewis Terman erarbeitet worden, der auch an den heute bekannten IQ-Tests maßgeblich beteiligt war.
– Terman, L. M., Oden, M. H.: *Genetic studies of genius*, vol. 5, Stanford 1959.

(21) Subotnik, R., Kassan, L., Summers, E., Wasser, A.: *Genius revisited. High IQ children grown up*, Norwood 1993.

(22) Die Philosophie unserer Zeit ist ausgesprochen theorielastig. Die meisten staatlich bestallten Denker verfassen Texte über Texte, die wieder in Texten kommentiert werden. Dass Philosophie einmal eine Kunst war, dem eigenen Leben eine Form zu geben, ist fast vollständig vergessen. In dem folgenden Buch kann man sich über die

antiken und modernen Exerzitien der Weisheit einen Überblick verschaffen:
- Hadot, P.: *Philosophie als Lebensform*, Frankfurt/Main 2002.

Einer der wenigen modernen Philosophen, der nicht vergisst, dass Philosophie in wesentlichen Teilen auch Lebenskunst ist, heißt Wilhelm Schmid.
- Schmid, W.: *Philosophie als Lebenskunst*, Frankfurt/Main 2003.

3. Der rätselhafte Anfängergeist

(23) Das Wissen über den Zen-Buddhismus ist nicht in Lehrbüchern niedergelegt. Üblicherweise wird es vom Meister an den Schüler weitergegeben, wobei sich die Vermittlung vollständig von der Art und Weise unterscheidet, wie bei uns unterrichtet wird. Im Zen wird nicht über Theorien doziert. Der Schüler übt eine Tätigkeit, die aber nur mit einer bestimmten Geisteshaltung zur Vollendung gebracht werden kann. Der Lehrer unterstützt ihn auf seinem Weg, wobei die Unterstützung für uns merkwürdige Formen annehmen kann. Es ist möglich, dass der Schüler vom Lehrer angehalten wird, über einen widersprüchlichen »Koan« zu meditieren. Der bekannteste lautet: »Wie klingt eine Hand beim Klatschen?« Es kann aber auch sein, dass sich ein in der Meditation übender Adept von Zeit zu Zeit ein paar Stockhiebe einfängt oder jahrelang mit einem Bogen auf eine nur drei Meter entfernte Ziel-

scheibe schießen muss. Was sich hier in der Kürze kauzig anhört, ist aber Teil einer faszinierenden Philosophie. Wer sich für diese interessiert, dem seien zwei Klassiker der Zen-Literatur empfohlen:
- Herrigel, E.: *Zen in der Kunst des Bogenschießens*, Frankfurt/Main 2005.
- Graf Dürckheim, K.: *Wunderbare Katze*, Bern – München – Wien 2001.

(24) Es gibt unterschiedliche Gedächtnistypen. Man unterscheidet grob das explizite vom impliziten Gedächtnis. Vom impliziten Gedächtnis spricht man, wenn zum Abruf des Gedächtnisinhalts keine bewusste Aufmerksamkeit notwendig ist. Zum impliziten Gedächtnis gehören somit vor allen Dingen Bewegungsroutinen, die man »im Schlaf« beherrscht, aber auch andere Erinnerungen, die uns unterbewusst beeinflussen. Im Gegensatz dazu bedarf das explizite Gedächtnis der bewussten Aufmerksamkeit. Ein wichtiger Teil des expliziten Gedächtnisses ist neben dem Faktenwissen die erinnerbare Autobiografie, die sich in gesprochener Sprache vermitteln lässt. Beide Gedächtnisarten lassen sich durch Übung verbessern. Im Text wird nicht immer genau zwischen beiden unterschieden, da es wie in der buddhistischen Parabel von der Teetasse um eine *Einstellung* zum Üben geht. Diese gilt für beide Gedächtnistypen.

(25) Wer sich für die Person Albert Einsteins interessiert, dem sei die Biografie von Jürgen Neffe empfohlen. Diese hangelt sich nicht am wissenschaftlichen Werk entlang,

sondern beleuchtet den Menschen Einstein von verschiedenen Seiten. Das Ergebnis ist nicht immer schmeichelhaft, da Einstein als großer Egomane nicht immer ein vorbildlicher Ehemann und Vater war. Völlig unabhängig davon macht das Buch aber deutlich, mit welch einer unglaublichen »maultierhaften Starrnackigkeit« der Physiker seinen Visionen jahrzehntelang nachging, bis er sein Opus magnum, die Allgemeine Relativitätstheorie, endlich zu Papier gebracht hatte.

– Neffe, J.: *Einstein*, Reinbek bei Hamburg 2005.

Albert Einstein war ein von kindlicher Neugier getriebenes Arbeitstier, dasselbe gilt für Wolfgang Amadeus Mozart. Das Gerücht, dass der Salzburger einzig von der Muse geküsst seine Werke zu Papier brachte, ist in den letzten fünfzehn Jahren von der Mozartforschung widerlegt worden. Ulrich Brüner, Verfasser einer aktuellen Biografie, sagt dazu Folgendes: »Wir wissen, dass er nie fertigte Stücke einfach niederschrieb, sondern wie ein Berserker gearbeitet, skizziert und probiert hat. Er arbeitete nach der klassischen Methode, aber intensiver und härter als andere ... Er hat sich buchstäblich zu Tode gearbeitet, wie seine Frau einmal schrieb.«

– Drüner, U.: *Mozarts Große Reise*, Köln – Weimar – Wien 2006.

(26) Spitzer, M.: *Lernen*, Heidelberg 2002.

(27) Reill, P.: »Alles im Griff!«, in Wehr, M., Weinmann, P. (Hrsg.), *Die Hand – Werkzeug des Geistes*, Heidelberg 1999.

- Altenmüller, E.: »Vom Spitzgriff zur Liszt-Sonate!« in: ebda.

(28) Obwohl Kinder im Allgemeinen viele Dinge ihrer selbst wegen tun, kann man sie trotzdem schon frühzeitig zu kleinen Äffchen dressieren, die unter dem Beifall der Erwachsenen ihre Kunststücke zum Besten geben. Dieser verführerische Mechanismus, der weniger dem Wohl der Kinder dient als der Eitelkeit der Erwachsenen, bringt die Kinder dann schon vor der Zeit mit einem von der Gesellschaft geadelten Mechanismus in Kontakt: Mache eine Sache nicht um ihrer selbst willen, sondern um mit ihrer Hilfe etwas zu erreichen.

(29) Welche fundamentale Rolle die Aufmerksamkeit für die Gedächtnisbildung spielt, kann man im Überblick in den folgenden Büchern nachschlagen:
- Spitzer, M.: *Lernen*, Heidelberg, 2002.
- Kandel, E.: *Auf der Suche nach dem Gedächtnis*, München 2006.

(30) Waelti, P., Dickinson, A., Schultz, W.: »Dopamine responses comply with basic assumptions of formal learning theorys«, Nature 412, 43–48, 2001.

(31) Altenmüller, E.: s. o., S. 104–111.

(32) Eibl-Eibesfeldt, I.: *Die Biologie des menschlichen Verhaltens*, München 1984, S. 385–408.

(33) So wie jegliche Form von Rassismus von unausrottbaren Vorurteilen genährt wird, so ist es auch beim Sexismus. Harmlose Spielarten betreffen das Befremden, welches Mädchen in Zimmermannsklamotten hervorrufen, oder die Besorgnis von Floristinnen, wenn man als Mann Blumen kauft, die man selber pflegen will. Handfester sind da schon Vorurteile, mit denen Orchestermusiker die Qualitäten ihrer weiblichen Kolleginnen einschätzen. Bis vor wenigen Jahren galt es Männern als völlig inakzeptabel, dass eine Frau auf einem Blasinstrument genauso gut zu solieren vermag wie sie selbst. Man erinnere sich nur an den Streik der Berliner Philharmoniker, als eine Klarinettistin als Solistin eingestellt werden sollte. Entsetzen, als sich eine Frau gar anschickte, die Posaune in einem renommierten Orchester zu spielen. Diese Form des Sexismus wurde aus der Welt geschafft, indem man die Kandidaten nur noch hinter Wandschirmen zum Vorspiel bat. Die Damen wurden daraufhin sogar von ihren schlimmsten Widersachern gewählt, da sie einfach besser waren.
– Gladwell, M.: *Blink! Die Macht des Moments*, Frankfurt – New York 2005.

(34) Kleist, H. v.: »Über das Marionettentheater«, in: *Kleist. Sämtliche Erzählungen*, Frankfurt/Main 2005.

(35) Ekman, P.: *Gefühle lesen*, München 2004.

(36) Der Wissenschaftler Siegfried Frey hat umfangreiche Untersuchungen darüber vorgenommen, nach welchen

Kriterien wir die Glaubwürdigkeit von Menschen beurteilen. Es hat sich herausgestellt, dass sich die unterschiedlichen Botschaften, die wir bewusst und unterbewusst wahrnehmen, in der Bewertung von Menschen niederschlagen. Diejenigen, die sprachlich und körpersprachlich mit »gespaltener Zunge« reden, werden von uns nicht besonders geschätzt.

4. Meister der Eigenzeit

(37) Wer sich mit der Relativitätstheorie beschäftigen möchte, sieht sich einer unüberschaubaren Vielzahl von Publikationen gegenüber. Meist begeht man den Fehler, Einstein nicht direkt selbst zu lesen. Das ist bedauerlich, da das Genie ein hervorragender Stilist war. Für den Einstieg ist deshalb zu empfehlen:

– Einstein, A.: *Über die spezielle und die allgemeine Relativitätstheorie*, Braunschweig – Wiesbaden 1985.

Eine gute Darstellung der Speziellen Relativitätstheorie, die aber mathematische Kenntnisse voraussetzt, ist die von Schröder:

– Schröder, U. E.: *Spezielle Relativitätstheorie*, Frankfurt/Main 1981.

Das beste Buch zum Uhren- und Zwillingsparadoxon ist nach wie vor:

– Marder, L.: *Reisen durch die Raum-Zeit,* Braunschweig – Wiesbaden 1979.

(38) Während Tagen, Monaten und Jahren im Wesentlichen astronomische Zyklen zugrunde liegen, sind die Definitionen von Wochen, Stunden, Minuten und Sekunden ziemlich willkürlich. So gab es, um nur ein Beispiel zu nennen, nach der Französischen Revolution das Bestreben, die Zeit zu »dezimalisieren«. Wochen sollten 10 Tage haben, Tage 10 Stunden. Diese hätten wiederum aus 100 Minuten mit je 100 Sekunden bestanden. Durchgesetzt hat sich diese Einteilung nicht, obwohl sie genauso sinnvoll oder sinnlos ist wie die, welche wir heute verwenden.
– Galison, P.: *Einsteins Uhren, Poincarés Karten*, Frankfurt/Main 2006.

(39) Wehr, M.: »Ein Daumen Fische«, in: Wehr, M., Weinmann, M. (Hrsg.), *Die Hand – Werkzeug des Geistes*, Heidelberg – Berlin 1999.

(40) Eigentlich ist der Prozess noch viel komplizierter, als hier beschrieben, da man Messinstrumente so konstruieren muss, dass sie normgerecht funktionieren, auch wenn sie durch verschiedene Einflüsse gestört werden. Was passiert mit einer Armbanduhr, wenn sie beim Rennen geschüttelt wird? Oder: Ist unsere Wasseruhr noch ein verlässlicher Zeitgeber, wenn ein starker Wind bläst? Dieses Wissen, wie ein Messinstrument störungssicher zu machen ist, wird in der Wissenschaftstheorie als *Störungsbeseitigungswissen* bezeichnet. Es ist für alle Konstrukteure von Messinstrumenten unerlässlich und stellt sicher, dass sich mit unterschiedlichen Instrumenten vorgenommene Messungen überhaupt vergleichen lassen.

(41) Wer sich mit den verschiedenen Spielarten der Zeit vertraut machen möchte, kommt am »Zeitpapst« Julius T. Fraser, dem Begründer der »International Society for the Study of Time«, nicht vorbei. Einen Überblick über Frasers gigantisches Werk bekommt man in:
- Fraser, J. T.: *Die Zeit: vertraut und fremd*, Basel – Boston – Berlin 1988.

(42) Genaugenommen war es der ägyptische Eremit Pachomius der Ältere, der die geistigen Grundlagen für das Klosterleben legte und für die ersten Mönche einen präzisen Tagesplan mit fünf Gebetsstunden organisierte. Im Gegensatz zu Benedikt kam er aber nicht auf die Idee, den Zeitplan mit einer Uhr zu steuern und zu überwachen.

(43) Der Einfluss, den Jesus von Nazareth auf unsere vom Christentum sehr stark geprägte Kultur hat, ist offensichtlich. Warum Pythagoras eine vergleichbare Wirkung haben soll, ist dagegen nicht unmittelbar zu erkennen. Das hängt damit zusammen, dass wir diesen Vorsokratiker im Allgemeinen nur mit dem nach ihm benannten mathematischen Satz in Verbindung bringen. Viel wesentlicher ist aber die von Pythagoras vertretene Auffassung, das Wesen der Welt sei in den Zahlen zu finden (»Die Welt ist Zahl«). Dieses Diktum liegt in etwas abgewandelter Form den Naturwissenschaften zugrunde. Um seine Wirkmächtigkeit für unsere Geistesgeschichte zu unterstreichen, soll es genügen, auf drei Denker zu verweisen, die sich indirekt auf die Philosophie des Py-

thagoras beziehen. Das ist an erster Stelle Platon, dann Galileo Galilei, der der Meinung war, dass das Buch der Natur in mathematischen Lettern geschrieben sei, und natürlich René Descartes. In letzter Konsequenz sind aber auch alle anderen Wissenschaftler, egal ob sie die Auffassung vertreten, das menschliche Gehirn ließe sich mathematisch simulieren, oder ob sie glauben, eine Weltformel finden zu können, die das gesamte Universum beschreibt, »pythagoräische Brüder im Geiste«.

(44) Wie sonderbar unsere für selbstverständlich gehaltene Lebenseinstellung sein kann, wird deutlich, wenn sie ein Außenstehender mit unverstelltem Blick betrachtet. Bemerkenswert fand ich die Geschichte eines englischen Ethnologen, der einen Stammesfürsten aus Südostasien zu Gast hatte. In dessen Kultur war es Brauch, den Göttern jedes Jahr einen Wasserbüffel zu opfern und nicht zu verzehren, obwohl sein Volk im Regenwald unter ärmlichsten Bedingungen lebte und die Kinder hungerten. Das kam dem britischen Wissenschaftler ausgesprochen sonderbar, um nicht zu sagen sinnlos vor. Mit der Entgegnung des Häuptlings hatte er allerdings nicht gerechnet. Ob es nicht auch komisch sei, wollte dieser wissen, dass in England jeder ein Haus erwerben wolle, das dermaßen teuer sei, dass man Jahrzehnte außer Haus dafür arbeiten muss, sodass man es eigentlich gar nicht bewohnen kann.

(45) Einen guten Einstieg in die wachsende Bedeutung der Uhren in Wirtschaft und Gesellschaft bietet:
– Rifkin, J.: *Uhrwerk Universum*, München 1988.

(46) In welcher Weise sich überprüfbare wissenschaftliche Aussagen wie die Galilei'sche Kinematik von wissenschaftlichen Spekulationen wie zum Beispiel die Chaostheorie unterscheiden, habe ich ausführlich in folgendem Buch dargestellt:
– Wehr, M.: *Der Schmetterlingsdefekt*, Stuttgart 2002.

(47) An dieser Stelle sei eine Anmerkung erlaubt. Von Zeit zu Zeit hört man, dass die Wissenschaften zu echtem Fortschritt nicht in der Lage seien. Theorien kämen und gingen, und was heute noch als verbindliche Lehrmeinung gelte, sei morgen schon eine Lachnummer der Wissenschaftsgeschichte. Zudem sei von einer Vereinheitlichung der Wissenschaften nichts zu sehen, im Gegenteil. Selbst im Paradefach Physik glichen Theorien einem Flickenteppich.

Persönlich teile ich diese Meinung nicht, da im Kernfeld der Wissenschaft – der Messkunst – eine permanente Weiterentwicklung zu beobachten ist. Galileo Galilei reichte noch besagtes Liedchen oder ein unruhig schwingendes Pendel, damit er seine Bewegungsgesetze aufstellen konnte. Um die Relativitätstheorien Einsteins zu testen, benötigt man aber bereits Atomuhren, die nach Millionen Jahren nur wenige Sekunden voneinander abweichen. Betrachten wir in diesem Zusammenhang nur die These Einsteins, dass bewegte Uhren langsamer laufen als ruhende. Stellen Sie sich vor, Sie gehen mit einer sehr, sehr genauen Armbanduhr zum Joggen. Eine andere, exakt auf dieselbe Zeit gestellte, lassen Sie auf dem Nachttisch zurück. Wenn Sie beide Uhren nach der Körperertüchtigung vergleichen, dann wird die schweißgetränkte um eine Winzigkeit nachgehen. Was sich wie ein Spuk anhört, wurde tatsächlich gemessen, allerdings nicht beim Joggen. Stattdessen transportierte man Atomuhren in Flugzeugen, die dann genau die von Einstein prognostizierten Gangunterschiede aufwiesen. Aus diesem Grund ist in der Geschichte der Wissenschaft eine dauernde Weiterentwicklung der Messkunst zu beobachten, auch wenn Theorien von Zeit zur Zeit verworfen oder aber in einen größeren Zusammenhang eingebettet werden.

(48) An dieser Stelle lohnt es sich, noch einmal im Kapitel über den Anfängergeist nachzuschlagen und sich zu vergegenwärtigen, welche fundamentale Rolle die Aufmerksamkeit bei der Gedächtnisbildung spielt. Dieser Sachverhalt kann *neurologisch* erklären, weshalb öde Routinen in der Rückschau aus der Erinnerung verschwinden, während eine als spannend empfundene Gegenwart im Rückblick als erfüllend wahrgenommen wird.

(49) Während die anderen, in diesem Buch bereits erwähnten Schriften zum Gedächtnis eher die Biologie der Erinnerung in den Vordergrund stellen, nähert sich der Holländer Douwe Draaisma dem Gedächtnis von der menschlichen Seite:
– Draaisma, D.: *Warum das Leben schneller vergeht, wenn man älter wird*, Frankfurt/Main 2004.

(50) Schacter, D. L.: *Wir sind Erinnerung*, Reinbek bei Hamburg 1999.

(51) »Hass« scheint in diesem Zusammenhang ein hartes Wort zu sein, aber es ist treffend. Hier soll ein Beispiel für viele andere stehen: Santiago Ramón y Cajal war ohne jeden Zweifel ein Visionär. Der spanische Neurologe, geboren in der Mitte des 19. Jahrhunderts, untersuchte das menschliche Nervensystem. Trotz der damals beschränkten technischen Mittel stellte er Thesen zur Funktion des Gehirns auf, die noch heute Gültigkeit besitzen. Eine dieser Thesen war, dass die »Neuronen« die elementaren Funktionseinheiten des Gehirns sind. Diese These brachte ihm den erbitterten Widerstand des Italieners Camillo Golgi ein, und das, obwohl Ramón y Cajal bei seinen mikroskopischen Untersuchungen eine von Golgi entwickelte Silberfärbung verwendete. Golgi vertrat die Auffassung, dass Neuronen keine individuellen Zellen seien. Für ihn hatte das Gehirn eher die Struktur eines Spinnengewebes. Wie es das Schicksal wollte, bekamen die beiden Kontrahenten 1906 gemeinsam den Nobelpreis. Noch bei der Nobelpreisrede konnte es Golgi nicht lassen, Gift und Galle zu spucken, was Ramón y Cajal noch zwanzig Jahre später zu dem resignierten Satz motivierte: »Was für eine grausame Ironie des Schicksals, dass hier zwei wissenschaftliche Gegner von so gegensätzlichem Charakter wie an den Schultern zusammengewachsene siamesische Zwillinge zusammengespannt wurden.«

5. Die Maske der Tollpatschigkeit

(52) Hauser, M. D.: *Wilde Intelligenz*, München 2001.

(53) Weinmann, M.: »Hand und Hirn«, in: Wehr, M., Weinmann, M. (Hrsg.), *Die Hand –Werkzeug des Geistes*, Heidelberg – Berlin 1999.

(54) Es gibt ein bis heute nicht verstandenes Phänomen, welches das missglückte Experiment von Donalds Vater zwar nicht gerettet hätte, für ihn aber zumindest so etwas wie ein Hoffnungsschimmer gewesen wäre. Unter den Menschenaffen scheinen Gorillas eine Sonderstellung zu besitzen. Schimpansen, Bonobos und Orang-Utans sind alle in der Lage, sich selbst im Spiegel zu erkennen. Einen roten Punkt, den man ihnen unter Narkose auf die Stirn malt, versuchen sie, wenn sie in den Spiegel schauen, nicht bei ihrem vermeintlichen Gegenüber zu betasten, sondern direkt bei sich selbst. Gorillas scheitern bei diesem Versuch. Doch es gibt eine Ausnahme: den Gorilla Koko. Koko ist ein Star der Primatenforscher, da er sich für einen Affen mit Symbolen sehr gut verständigen kann. Vielleicht hat also doch die Aufzucht in einer von Menschen geprägten Umgebung die intellektuellen Fähigkeiten des Gorillas erweitert.

(55) Die umfangreichste Sammlung von Geschichten über »wilde Kinder«, in der auch die Geschichte von Gua und Donald Kellogg ausführlich zur Sprache kommt, ist das folgende Buch:

- Blumenthal, P. J.: *Kaspar Hausers Geschwister*, Wien – Frankfurt/Main 2003.

Wer sich auf einer wissenschaftlichen Ebene mit den Folgen extremer Vernachlässigung beschäftigen will, wie sie z. B. auch in rumänischen Waisenhäusern vorkamen, sei auf dieses umfangreiche und lesenswerte Lehrbuch verwiesen:

- Siegler, R., DeLoache, J., Eisenberg, N.: *Entwicklungspsychologie im Kindes- und Jugendalter*, München 2005.

(56) Wehr, M.: »Die Inseln der Propheten – Emergenz kognitiver Repräsentationen«, in: Wägenbaur, T. (Hrsg.), *Blinde Emergenz?*, Heidelberg 2000.

(57) Es gibt überraschenderweise relativ wenig Literatur, die sich mit der Entwicklungsgeschichte von Sensorik und Motorik auseinandersetzt. Eine philosophisch angehauchte Auseinandersetzung findet man in dem zum Klassiker gewordenen Text von Konrad Lorenz:

- Lorenz, K.: *Die Rückseite des Spiegels*, München 1977.

(58) An dieser Stelle muss man eine kleine Einschränkung machen. Obwohl beispielsweise Schimpansen durch Zuschauen lernen können, stellen sie sich beim Imitieren von Techniken, die Werkzeuge verwenden, nicht sonderlich geschickt an, vor allem, wenn man ihre Fähigkeit mit denen kleiner Kinder vergleicht. Schimpansen neigen zwar dazu, Techniken zu übernehmen, erfinden das Rad aber oft von neuem. Es gibt keine besonders gut funktionierende Tradition des Lehrens und Lernens. Elterntiere sind

schlechte Lehrer, Jungtiere wenig begabte Schüler. Aus diesem Grund nehmen Letztere ein Werkzeug in die Hand und lernen eher durch Ausprobieren, wie es funktioniert, und nicht dadurch, dass sie das schon bestehende Knowhow der Eltern verwenden.

(59) Wehr, M.: »Segen der Symmetrie – Von Maschinenzeit und Zeitmaschinen«, Vortrag im Rahmen des Studium Generale, Tübingen 2003.

Um die Zeitreisen eines symbolischen Stellvertreters von solchen zu unterscheiden, in denen ein Mensch selbst Vergangenheit und Zukunft bereist, habe ich erstere »Zeitreisen 2. Ordnung« genannt.

(60) Wem es Spaß bereitet, sich den Abgründen gesprochener und geschriebener Sprache auf einer fiktionalen Ebene zu nähern, dem empfehle ich eine sehr subjektive Auswahl von Büchern:
– Vargas Llosa, M.: *Der Geschichtenerzähler*, Frankfurt/Main 1992.
  Dieses Buch vermittelt einen sehr guten Eindruck, wie Wissen in Kulturen ohne Schrift von Geschichtenerzählern über Generationen konserviert wurde und wird, auch wenn Vargas Llosa eine sehr gewöhnungsbedürftige Erzählform wählt.
– Eco, U.: *Im Namen der Rose*, München 1986.
  Dieser Bestseller, ein mittelalterlicher Krimi, verdeutlicht die Macht der Bibliotheken und der Menschen, die über das dort gehortete Wissen verfügen können.

- Dominguez, C. M.: *Das Papierhaus*, Frankfurt/Main 2004.
  Es war verschiedentlich die Rede davon, dass wir in Wissen auch ertrinken können, wenn wir es nicht zu ordnen und zu gewichten wissen. Im *Papierhaus* wird dieses Thema in einer phantastischen Erzählung aufgegriffen.
- Borges, J. L.: *Die Bibliothek von Babel*, Ditzingen 1974.
  Borges, der Meister surrealer Erzählungen, ist wie kein anderer Leitgestirn für alle, die sich mit Sinn, Unsinn und Bedeutung auseinandersetzen.
- Sebald, W. G.: *Austerlitz*, Frankfurt/Main 2003.
  Ein Roman über Gedächtnis und Sprachverlust.

(61) Wehr, M.: »Chaos im Kopf – Das Leben in der Semantischen Steinzeit«, Vortrag im Rahmen der Alternativen Universität Graz, Graz 1996.

(62) Erinnern Sie sich noch an Ihren Mathematikunterricht? Dort waren Abbildungen Zuordnungen von den Elementen einer Menge zu denen einer anderen. Denken Sie an die natürlichen Zahlen. Sie können z. B. jeder natürlichen Zahl eine gerade Zahl zuordnen. Der Eins die Zwei, der Zwei die Vier, der Drei die Sechs usw. Diese Abbildung beweist nach Georg Cantor, dass beide Mengen gleich mächtig sind. Das ist sehr interessant, für uns aber in unserem Zusammenhang nicht so wichtig. Uns geht es um ein klärendes Wortspiel. Von allen Abbildungen gibt es eine ganz besondere, das ist die *identische Abbildung*. Bei dieser wird jedem Element das Element

selbst zugeordnet. Also lässt sich sagen: Von allen Abbildungen führt einzig die identische zum Abbild, alle anderen zu Bildern!

(63) Hoffmann, D. D.: *Visuelle Intelligenz – Wie die Welt im Kopf entsteht*, Stuttgart 2000.
Dieses Buch ist nicht nur wegen seines Inhalts empfehlenswert, sondern auch wegen der vielen Verweise auf Internetseiten, auf denen man statische und bewegte optische Täuschungen betrachten kann.

(64) Beispiel für ein Kaniza-Dreieck

(65) Frisby, J.P.: *Sehen*, München 1983.

(66) Die Hebb'sche Theorie ist ein sehr gute Theorie, um zu erklären, wie das Bild eines Gegenstands im Gehirn entsteht. Darüber hinaus aber wird sie von vielen Theoretikern in ihrer Bedeutung überschätzt. Die Hebb'sche Theorie kann zum Beispiel nicht plausibel machen, weshalb beim Verlust von Gliedmaßen die somatosensorischen Karten im Hirn binnen Stunden von benachbarten Kortexregionen vereinnahmt werden. Sie kann nicht erklären, wie Kreativität und Träume funktionieren oder

weshalb man Bewegungen anfänglich falsch lernt, um sie nach einer gewissen Zeit auf wundersame Weise zu beherrschen.

(67) Unter synaptischer Plastizität versteht man eine kurzfristige oder langfristige Erhöhung bzw. Verminderung der Synapsenstärke infolge von bestimmten neuronalen Aktivitätsmustern. Synapsen, die verwendet werden, schütten mehr Neurotransmitter aus als solche, die wenig oder gar nicht gebraucht werden. Dazu kommt noch der gänzliche Verlust von Synapsen oder die durch Gene gesteuerte Bildung neuer Synapsen bei der Codierung von Langzeiterinnerungen. Die synaptische Plastizität ist die Grundlage der Hebb'schen Theorie.

(68) Dschuang Dsi: *Das wahre Buch vom südlichen Blütenland*, München 1996.

(69) Wer sich eine humorvolle Übersicht verschaffen möchte, zu welchen körperlichen Höchstleistungen Menschen in der Lage sind, der sei auf zwei Internetseiten verwiesen: *www.extremetricking.com* und *www.chilloutzone.de.* Wer auf diesen Seiten surft, kann die unglaublichsten Entdeckungen machen: Menschen, die ohne Sicherung senkrechte Felswände »hochlaufen«; Beatboxer, die mit dem Mund jedes erdenkliche Musikinstrument nachahmen können; Männer, die mit einem gestreckten Salto rückwärts von einem zehn Meter hohen Turm springen, auf hartem Boden landen und sich trotzdem keine Verletzung zuziehen.

Aber auch diejenigen, die sich für solche neumodischen Formen der Höchstleistung nicht begeistern können, wird vielleicht interessieren, dass der Mensch eines der leistungsfähigsten Lauftiere auf der Erde ist. Beim Militär galt lange Zeit der Satz »Infanterie schlägt Kavallerie«. Menschen können über längere Zeiträume nicht nur ausdauernder laufen als Pferde, sondern als fast alle anderen Säugetiere. Es ist also nicht so, wie Gehlen oder Nietzsche annahmen, dass der Mensch in keiner Weise spezialisiert sei.